講師寶典

成為好講師的五部曲

陳亦純・吳燕芳・白傑・吳佰鴻 合著

目錄

第五部曲、名師對好講師的講評 八名師 ／ 282

在眾人面前講話容易嗎？對一些沒有經過訓練或經驗不多的人來講，可以說是七上八下、驚魂動魄兼心驚膽跳。

但你一定是希望能夠開得了口、言之有理、受到歡迎、最後回味無窮！可是我們要知道，這麼高的層次談何容易，怎麼才作得的呢？

你必須要再三的磨鍊、不恥上看或下問，還要聽聞看想！

做一個在台上受到歡迎的人，你必須要練就一身好功夫。

你看過多少有關訓練口才的書了？

你有沒有去視頻、音頻反覆的聽、看？

你有沒有加入培養講師的社團切磋研習？

你去爭取上台的機會沒有？

創業或從事業務工作，不可能都是一對一，當有機會一對多的時候，要你上台發表，你能像蘋果的發明人賈伯斯，特斯拉的研發者馬克思一般，幾句話讓你聽得清清楚楚，立刻打動你的心，產生締結的慾望！

這本「講師寶典 -- 成為好講師的五部曲」，你必須要趕緊去研讀，4 位重要作者各有所長，陳亦純、吳燕芳、白傑、吳佰鴻，把如何成為講師和需要的內涵敘述的清清楚楚，也把參加講師大賽的心得清楚呈現，加上八位講評的高手，一次讓你得到如何成為好講師的條件及技法。

疫情會結束，但世界會翻轉成另一個樣，唯有需要好口才永遠不會變！

撰文　中華華人講師聯盟秘書處

第一部曲

成為好講師的基本功

—— 陳亦純主筆 ——

陳亦純 Aisun Chen
2008、2022 年中華華人講師聯盟會長
2016 年台灣保險信望愛最佳保險成就獎
2017 年亞洲華人保險與理財大會主席
台大保險經紀人公司董事長
台北市生命傳愛協會創會長
著作有「我有理由不買保險」、「秘密21-了凡四訓，心想事成」等36本著作。
CMF、亞太壽險大會、龍獎、 大馬保險大會等，屢受邀約見證。

請掃描二維碼，凡購買行動學習網「做個好講師」線上課程
憑下列序號即可折抵 300 元。活動序號：twspeech

01 加入行動學習網會員

02 購買陳亦純老師視頻
「做個好講師 20 篇」

一、好講師需要的生命宗旨

為甚麼要做一個講師

事業要成功的第一步就是敢在眾人面前演講。

不論你是企業主，或是公司的高管，或是新媒體網紅，或是傳教士，或是教師，你必須要能在眾人面前侃侃而談。

世界級激勵大師金克拉曾經說過：「**要成為生命中的贏家，你所能夠做到最有意義的事情，就是在公眾面前演說！**」

演說難嗎？有的人把在公共場合演講視為畏途。這是因為他們不常常有在眾人面前演說的關係，如果你必須要在眾人面前演說，不論開始是勉強的上台，或者工作需要，經過一再的演練，一連串錯誤、失望、修正，漸漸的在可以陸陸續續變成自己的一套功法。

成功往往是勉強來的！

沒有人天生是一個會講話的人！台上三分鐘，台下十年功。

不經一番寒徹骨，哪得梅花撲鼻香！

要在人前風光，就得人後辛苦。

你要成為一位受歡迎、肯定的演說高手！

你必須要多聽演講，多看書或者投資錢去參加學習課程或者到國外向世界級的大師取經，現在是 AI 元宇宙時代，多參加雲端課程更是方便和即時。

你為了一場一小時的演講，你或許準備 100 個小時，但這一小時表現，可能為你創造 100 倍或一千倍以上的回收！

所謂的回收，可能是演講費的收入，可能是商品的銷售成果，或者是團隊的擴展！

演而優則導，你要事業成功、受人矚目尊敬，你必須要口才便捷，若你真心願意事業成功，你的口才無形中便可以日夜打磨，你會成為千手、千眼、千口的菩薩，你會影響很多人，你會讓很多人因為你的分享覺醒，奮力傳播大愛，你會創造非常大的福祉。

你也因為你的善音，你讓很多民眾得到庇護，你的投入，讓世界充滿光會、充滿愛。

很多受人尊重的名師，不論在企業、教育、宗教、傳銷、新創、保險、社團、安養界，都是有口皆碑，他們的口德和口才，既影響民眾的為人處事，也激發大眾朝正向前進。

他們無不是口才便給，理念清楚，讓聽到的人煥然一新，重新得到奮鬥的生命意義，重新書寫人生使命。

講師就是立體的大愛表現，現在是雲端加上虛擬，好口才的需要更不能少，受到你啟發和受益的大眾也因為你而備感光榮。

各位要珍惜你已深具來的能力，打造屬於你的輝煌世界。

講師是甚麼

關於講師的定義，**唐朝韓愈說得好：師者，所以傳道、授業、解惑也。**

原文如下：

古之學者必有師。師者，所以傳道、受業、解惑也。人非生而知之者，孰能無惑？惑而不從師，其為惑也，終不解矣。生乎吾前，其聞道也，固先乎吾，吾從而師之；生乎吾後，其聞道也，亦先乎吾，吾從而師之。吾師道也，夫庸知其年之先後生於吾乎？是故無貴無賤，無長無少，道之所存，師之所存也。

白話解釋如下：古來求學問的人一定要有老師。所謂老師，職責是教授人生的道理、講授專業知識、解答疑難問題。

人並非生下來就有知識，誰能沒有疑難問題呢？

有了疑難而不向老師學習、請教，那些疑難是永遠不會解決的。

比我出生早的人，追求知識學問當然也先於我，我應該向他學習。

在我之後出生的人，如果他早於我懂得事物的道，我也應該向他學習。

我學習的是道理和知識，哪管他是比我先出生還是晚出生！

因此，不管是尊貴、貧賤、年長、年幼，道理和知識為誰所掌握，誰就是老師。

現代因為時代變化太過於迅猛，所以除了傳道、授業、解惑之外，你要具備現代要有的指引能耐。

我的講師現代定位觀是增加趨勢觀、策略觀、行動觀。

甚麼是趨勢觀，這世界、國家，發生了甚麼事，未來會如何？現在的老齡化、少子化、單身化、貧富懸殊、國際衝突、E 化已經無法避免，怎麼看待？

比爾蓋茲說過：21 世紀的大趨勢就是成人訓練，若是能夠搭上這一班趨勢列車，就能夠走出美好的未來。若是只站在月台上，看著這班車開走，過一會兒，就會被資訊淹沒，而不知道身在何方了！

至於策略的拿捏和引導又是另一個現象，布局、避險、轉移、整合，這都是大學問，你應該有你的看法和見解。

行動部分則是自己和你要傳達的對象，你的夥伴、授眾，你該給甚麼樣的行動指南。一個有省察力和說服力的講師，更是要勇猛和有效地展開溝通、說服及為對方著想。現代的講師，更要會用 AI 工具，互聯網、自媒體、元宇宙、NFT，或一直更新強化的穿透元素。

一個可以站在台上的講師，像佈道家、像牧師、像教育家、也像燈塔，指引人生方向，提供光明的途徑。

印度梵文一句格言：「**偉人的行動之所以能成功，與其說是靠他行動和口語，不如說是憑藉純粹的心靈。**」

講師也是在善事，善行、善念必有善報，神靈、上天看到講師的利他之心，必定會給他更大的能量。

宇宙間的關愛、拯救、慈悲萬事萬物的的意志，給了講師助力人生就是磨鍊靈魂、心靈的道場！

講師的職能

　　講師是甚麼，集各種身分為一身。

　　夢想家，幫助大眾做大夢，立大願，給美好的憧憬，啟發授眾的信心。

　　教育家，提供各式各樣的技能和知識及經驗。

　　激勵家，激發全場熱力，創造無限可能。

　　溝通家，把各類知識、技法、理念，輸入聽眾的心，讓授眾直接受益。

　　魔法家，提出有效的經驗，啟發有效益的商業模式。

　　講師也是教練、訓練師、引導師、顧問師！

　　型態依照人、時、地，給於不同的養分。

　　講師也是一位講道理的人、講成敗關係的人、講歷史的人、講故事的人。

　　並且是具備感性、催淚、激情、幽默、啟發的人。

　　講師的定位要清楚，知道在什麼場合講什麼樣的話。

　　有時候我趕場，一到了現場，立刻問引導的人，今天來的聽眾是什麼樣的人？上一場反應如何？我應該用什麼樣的表達方式來取得歡迎？

　　講師有什麼使命和責任？當然是給聽眾有受益為首選。

　　講師要知道自己的角色功能，用什麼樣的方法、針對什麼樣的對象、

達到什麼樣的結果。

　　如果對象是剛要加入社會的新人，你要給與的是，我怎麼幫助你成功，創造無限的可能性。

　　講師的形象是什麼？謙虛的風格、深邃有料的內涵、熱誠的態度、精準語言。

　　講師的特色又是什麼？鮮明的風格、獨特的賣點、不斷的創新追求卓越、讓新的資訊融入自己所表達的觀點，創造超越別人的競爭優勢。

　　講師還需要比別人多心，愛心、用心、細心、耐心、真心、決心、企圖心、同理心、包容心。

　　講師還要多用力，熱力、活力、魅力、感染力、親和力、公信力！

　　一場公眾演講講下來，如果你沒有全身發汗，學員們眼睛無神、心情八風不動，這就代表這場演說浪費了學員們的時間了，一個人若是兩個鐘頭、一百人就是兩百個鐘頭，這罪過太大了。

　　演說為何成功，又為何沒效果，這關鍵在於主講者，若經驗不是很夠，最起碼準備要多。

　　林肯說：給我一小時砍樹，我先用 40 分鐘磨斧頭！

　　韓愈說：凡事豫則立，不豫則廢！

　　讓一場公眾演說成功是演講者的責任，也是該有的職能。

講師的社會責任

講師是大愛的傳遞者。

講師的重要性是，傳遞正能量，以前是傳道授業解惑。

現在要加上指引趨勢，協助策略訂定、行動的推動。

在美國，曾經有一位顧問師被百萬年薪所聘請。

這在當時為破天荒之舉，不但全美企業界議論紛紛，就連擔任該公司董事的銀行家摩根也認為薪水太高。

許瓦伯聽到摩根的反應之後，一點也不生氣，公開撕掉合約並宣稱：「我在卡內基鋼鐵廠做只為興趣不為錢財，至於我的薪水，你們就隨便給吧！」

此舉不但震驚全公司，連摩根亦為之動容。

許瓦伯有一種奇妙的領袖魅力，部屬跟他接觸之後，都會被他所吸引，對他產生莫名的敬佩，自願為他賣命。

他平時熱誠待人，經常給部屬鼓勵與讚美。即使部屬犯錯，他也絕不開口指責，總是以寬宏的心，用至誠感化他們，使部屬內心愧疚，而以勤奮努力來回報他。

許多卡內基轄下的鋼鐵廠，在許瓦伯管理之下，產量都呈倍數的成長。為了感謝他，卡內基致贈一億美元的紅利，不料被許瓦伯拒絕，他

淡淡地說：「我做事純粹為了興趣。只要把問題解決，事情做好，我就心滿意足了。」

講師就是顧問師，很多行銷業的朋友或企業界的經營者，因為一位講師的智慧和充滿力量的口語傳達力，這是有心要成長的團隊所需要的。

講師也要擔任多個社團和企業的顧問角色，在團隊中教學相長。

除了協助企業成長，講師還有甚麼社會責任呢？

我認為講師要捍衛專業知識，傳播正確理念。

尊重多元文化差異，關懷弱勢群族。

注重生態環境，保護地球的永續。

強化國家意識，讓民眾有愛國情操。

傳承固有文化，以文化的舵手自居。

這些看法你會不會認為太難，何必做得這麼辛苦。

或者你會說，這麼重的擔子我背不起，我不敢擔。

「吸引力法則」裡面的精義告訴有心要成為講師的朋友，凡事是你敢不敢去做，敢不敢去要，要不要去向上天下訂單。

怎麼下，在哪裡下，隨你高興。喜歡儀式，就來個儀式。

同樣的訂單一次就好，透過直覺去接收願望包裹。

用正面的方式表達每一個願望，願望成真後要讚嘆。

講師的社會責任無限大，但不會太難，你要發願，願有多大，力量就會有多大，力量大，事情的達成就會有多大。

講師的必修課程

作一個講師，他有甚麼必須的課程。

1、多學習

心靈雞湯作者馬克韓森說到，成為一個好的演說家，拜訪名人、參加研習會、聽演講、看聽視頻、音頻，多讀書、多做一個分享者和選擇性收看電視節目，**多元的學習管道會強化心靈力量，就可以獲得成功的一個講師的資格。**

2、每天說積極的話。

「好的！一定會有辦法的！沒問題！」

每天都能說出這種積極話語的人，他的每一天都過會過的很快樂！

相反的，每天說著：「太糟了！太讓人生氣了！沒辦法！」

這種人，遇到的挫折也特別多，運氣也顯得特別糟糕。

你必須要意識到，每天從自己嘴巴里說出的話擁有很大的威力。

每天你所說的話，都給你的每一天指明了方向，積極的語言才能把你帶向美好的人生！

3、給自己積極的意志

一個人講話，不一定是說給別人聽，重要是說給自己聽，變成自己的一個誓言，一個力量！

同樣的一件事情，你說很好，或者說還可以，或者說不太好，這些不一樣的感覺就會左右你的想法，並且影響你的行動。

有些事情不一定好，但是你自己說好，事情的發展就可能會好起來，你要把它做好的決心，就會油然而生。

4、態度要正確

從事講師工作，能不能作得好，完全在於你的『態度』，你的想法、說法、作法，成敗在於你的心。

5、檢討自己的成品

你自己演說所錄下來的視頻，你有沒有反覆的看、反覆的聽。

很多人說：當他演講完畢之後，他不敢回頭去看自己所錄下來的視頻，這簡直是笑話，如果一個不敢面對自己的人，他怎麼會能夠有所成長，他應該從自己的視頻中去檢討自己的舉止、表情、用語、眼神、力道，所傳達的訊息是不是強烈，所講的話是不是能夠感染人心，如果你對自己的視頻不敢看，就代表你沒有信心，沒有自信就是態度不足，態度不足就是你還沒有資格當一個好的講師。

6、開發你的潛力

台灣一位奇人莊淇銘教授，他自行研發快速語言學習法，兩年學會講八種語言，他認為學習沒有年齡、地域、時間限制，只要有心，便可創造「多元領域、多元語文」的成果，一個講師，也要有這般的好學心。

現在是講師最好的時代

狄更斯在《雙城記》開頭講道：

「這是最好的時代，也是最壞的時代。對於一個人來說，我們無法選擇所處的時代。對於我們所處的時代而言，有人說它好，也會有人說它不好，歷史永遠都是這樣。但是，無論身處怎樣的時代，總會有一批人脫穎而出，對於他們而言，時代是怎樣，他們不管，他們只管努力奮鬥，最終成為時代的主流。」

時代的快速變化，讓很多人惶恐，疫情的橫空出現造成慌恐，老齡化、少子化、人心疏離化。

但這也是一個最好的時代，因為數位化，造成無遠弗屆的一個新世界、新媒體時代的來臨。

加上交通的便捷，交通工具的無限空間發展，人與人的接觸會靠近，但是如何處理人際關係，如何降低危機感，講師有很大的責任，因為講師們可以抓住這個最好的時代，如何用文字寫下你的心得，用視頻創造你的新觀點，你用演說去撫慰人心，你用視頻自己創造你的真心話，你把有效的經驗用簡短的抖音發揮，你的商業模式連結不同層次、不同性格、不同地方的人們共同連結。

串聯之後，得到多贏，然後你的知名度提高，你的收入也提高，當

你的實際利益看得到的時候，也就是你功成名就的時候。

不要怕時代的挑戰，怕是你自己無法接受時代的挑戰。

不要怕時代的改變，怕的是你無法面對改變你的頭腦、改變不了你的思想、改變不了你的行動、改變不了你的意願。

當你願意改變的時候，也就是你創造最好時代的來臨。

你若要擔當講師，你必須具備老鷹的眼力、駿馬的快腿、鸚鵡的妙嘴和牛的肚量。

快腿妙嘴不用多解釋，好眼力是要叫我們多看、多觀摩、多判斷；肚量大不僅是涵養好，更是吸收各種新知和資訊的代名詞。

資訊知識浩瀚無邊，每天資料排山倒海而來，學員在積極進步當中，講師不能不勉力而為。

在分享的過程中，要能及時地提供學員要的新知或有興趣的觀念或方法，學員對講師的喜愛會超過其他講資訊師。

三分專業、七分資訊。要靈活、有益、有時效，資訊從哪裡來？

雲端、書籍、雜誌。現在雲端資訊，具時效性，而且不同詮釋者的多角觀點，更增加事理的清晰度。

在公開演講時，要導入時事與新知，並加上你的判斷與看法，學員往往會更有興趣和耐性，因為現在學員聽視頻的耐性已經不到十分鐘，除非講師的專業和敘述能力強！

所以現在正是講師最好的時代，前所未有得繁盛時代正等著講師們去發揮。

講師的涵養

21 世紀 IQ 超過 EQ，成功的講師要成有幾個在 EQ 涵養的指標關鍵。

EQ 視情緒智商，包含五項關鍵。

一、自我察覺

二、情緒管理

三、自我激勵

四、有同理心

五、社交能力

這和溝通表達能力有直接的關係，表達能力強的人 EQ 的指數也比較高，口語表達能力的技巧會落實到更大的溝通成面，如人際關係溝通便利能力、談判技巧、銷售話術、會議表達、活動主持、政治參與領導統御。

從事講師工作會使 EQ 變好，因為要耐得住心性。

先是耐勞。面對現場挑戰，你體力要好、丹田要有力、姿態不能鬆懈。

事先的準備更要多付出，不可隨興。

也要有耐心，會發生甚麼事情你不知道，可能是學員詢問你的內容，一而再地發問，要耐著性子面對。

耐煩也很重要，準備一場不能敗的演說，工作人員或是主辦單位可

能提出一些你沒想到的狀況，而且可能一而再，再而三的要求。

　　再者要耐操，以前變化不大，要學的東西不多，現在是三天一變化，五天一調整，十天一轉型，若不用心學習，很快老化、被超越、被淘汰。所以要勇猛、要精進、要禁得起操練。

　　史丹福研究中心的研究，一個人要致富，12.5% 靠知識，87.5% 靠態度。

　　要成功，20% 靠 IQ，80% 靠 EQ。

　　而一個會被解雇的人，5% 因為能力，95% 因為人際關係。

　　放眼激烈變化的時代，正視現實的挑戰，要認清自己的長短優劣點，也要讓自己的長處變為自己的優勢。

　　不能只說心好而脾氣不好，在現代社會裏 EQ 好是生存的第一法則。

　　一位猶太心理學家維克多說，二次大戰時被關在集中營，大部分的人都死亡了，他不但沒事，戰後還成為名作家，他說：「**人只有一種東西不會被拿走，那就是在任何環境中，選擇自己的法度和方法的自由。**」

　　EQ 高，成就高，這是不變的定律。

　　沒有僥倖這回事，最偶然的意外，似乎都是事有必然。

受歡迎的講師

　　一位講師受歡迎，一定有他受歡迎的道理，我用條列式來說明。

1、**理念清楚**：一位受歡迎的講師，必然理念清楚，讓聽眾聽了覺得受益。

2、**方法可行**：聽眾大都是希望從講師的言論中學到東西，不浪費聽課的時間。

3、**觀念清新**：用最新的資料，學員立刻感受他的用心。

4、**敘述有條理**：清清楚楚、易聽、易懂、易學又易記。

5、**一氣呵成**：行雲流水，順暢之極，聽者會一聽再聽。

6、**幽默親切**：態度謙虛、用語幽默容易接受。

7、**文對題**：主軸明確，枝節都和主題呼應相應。

8、**乾貨**：不打混，都是實用、可用。扎扎實實的硬功夫、乾貨。

9、**PPT 精彩**：PPT 製作精美，文字、圖案，都讓看者心生歡喜。

10、**資料可給**：要照相立刻照相、要錄影也可，整個文件都可拿，不怕超越。

11、**形象受肯定**：衣著刻意打扮，並非名牌，而是合宜、合禮、合時。

12、**時間精準**：這是主辦人和學員最樂意見的，這也顯示講者的風範。

13、**吻合時節**：針對最新社會大事、國際局勢、眾人矚目的話題，加以引申。

25

14、**熱情感染**：在台上保持最佳狀況，熱力十足，讓學員不會無聊或生厭。

15、**笑話對題**：講適當的笑話是好事，但必須迎合主題，不要做無厘頭和浪費學員的時間。

16、**故事感人**：引用故事必須有骨有肉，扎扎實實，不適為講故事而講故事，是為強化內容和理念而舉證。

17、**與時俱進**：講師一定要與時俱進，不可一套課程走天下，

18、**合情合理**：不打高空、不賣膏藥和畫餅，講的內容可供參考和學習。

19、**人情精準**：台下有高幹，要適當讚美，但不要過頭吹捧。如果是表彰會的講師，更要讚美得獎和得到榮耀的菁英，他們才是主角，講師是來讚美的。

20、**送小禮物**：如果有禮物，觀眾必然覺得受用。要賣書籍，先送幾本。送的時候稍稍提一下禮物的內容。送禮物是給相呼應的學員或績效高的菁英。

21、**美好的結尾**：一場演講，若無法令人回味思考再三，那並不能說是成功的演說，要在時間快結束時，營造最佳的結局，可能是幾句動人的名言，或者期許或者祝福。時間的控制要請助手或主辦單位提示，美好的結束就像最難忘的回眸一笑，那種催動心弦的悸動是最寶貴的禮物。

不受歡迎的講師

講師要知道自己到底在講甚麼。否則很容易被列為不受歡迎的講師。

現在的知識和演講取得容易，如果一個講師沒有好好的表現，在現實狀況下，會發生很多慘狀。最可怕的是學員退場。

我就見到不過十來分鐘，學員紛紛站起來往常外走，講師若心臟強，還可撐下去，否則就臉色蒼白，四肢發抖了。

學員退場還會一邊開罵！**「是在講甚麼東西！聽不懂！」「又來了！老套！」「我十年前就聽他講過了！真混！」「口齒不清！胡說八道！」**

退場還好，賣票的場次要求退票就麻煩大了。我見過聽眾隨手將水瓶丟上台，還大聲鼓譟，因為講師姿態凌人，戴墨鏡，一手倚在講桌上，自以為是。

也有開場20分鐘了，還在誇讚自己的豐功偉業，現場立刻噓聲四起。

也有講師賣弄非聽眾要的，如進場時用難聽的破嗓子高歌走進場，立刻讓人眉頭緊繃。

有講師在台上用帶上台的球桿筆比畫半天。也有講師現場揮毫，但這不是大家要的。

文不對題也是大受反感之舉。講過時的題材，很多講師會提 NOKIA 手機敗退的案例，但事實上，NOKIA 接受教訓，另起門路，現在是歐美

27

唯一可和華為相較高低的 5G 公司。

很多講師講得是口沫橫飛，但文不對題，要他講增員實務，他卻談一堆理論。

一位講師號稱他收過多少大單，但知情的我對他是大捏冷汗，因為事實上那只不過一兩位客戶支持他，他將這幾位客戶的資金蠆單、短年單，轉來轉去而已，現場學員聽不出所以然，立即發問到底如何開發和經營，一下子，吱吱嗚嗚，無法講出一套邏輯。

還有不知所云、口齒不清、節奏不清，太快，太慢。言之無物、一套走天下，賣弄一些錯誤的常識。

一些職業講師和學員互動太多，一直在耗時間，如做遊戲、看視頻、要學員做一些動作或喊口號。講師拼命賣作品或課程，讓人生厭。

講師批評謾罵其他講師，只有他清高，別人都不如。時間無法控制，遲到出場，拖拖拉拉、節奏不明，有些講師的惡習是，講好的時間到了，他偏偏不停止，一拖再拖，主辦單位一直在做喊停的動作，他卻是不為所動。

無危機意識，學員已經露出不耐或無法接受的眼神，他還大放厥詞。

衣著不對，穿的不正是或和主辦單位希望的不同，或女士濃妝豔抹，可怕。

也有無精打采、廢話一堆。

還有講綱拙劣或對綱宣科，無聊之極。還不讓學員照相、錄音或攝影。但事先不先和主辦單位說好。或講了可怕的笑話，或敏感話題，如政治、宗教、情色等等。也有數字不對、過時資料、亂灑狗血、不合時宜之內容。

不受歡迎的講師就是有這麼多的問題，需要自省避免。

精彩的破題和演繹

　　一場精采的演說開場是很重要的，如同電影開場的三分鐘決定觀眾要不要繼續看下去。一首音樂的前奏不對，聽者立刻轉身。這不是現實，這是事實。

　　從破題就要營造好的氣氛，讓學員有繼續聽下去的期盼。

1、**破題時要提出今天要講的主題和重點，如在保險界，你說道：我相信今天的課程講完之後，你們當中會有一半的人會達到 MDRT。這立刻會引起注意力。**

2、**要提出引起聽眾們的期望值。好比說：我曾經協助一位夥伴賣出千萬元的保單，我先把這張單的成交過程告訴大家。**

3、**用問句來提高現場情緒。如：已經達成公司高峰表彰的英雄請舉手！今年收入想破百萬的請舉手！想成為百人團隊領導人請舉手！**

　　好的破題後，立刻要繼續進行讓大家都想要的目標方法。

　　講師要取得聽眾們的信任，因為自己曾經做到或協助誰誰誰做到，有些講師從來沒在公司的獎勵得過獎，卻是告訴大家要怎麼做，那會是很快被看破手腳。

　　講師要提出接地氣的方案。

　　事先要做功課，不要以為憑經驗就可過關，現場可能臥虎藏龍一堆，

你會引起笑話。你要蒐集這團隊或公司的歷史、文化或以往的豐功偉業，你也要知道這團隊的高手是誰，他的最高成就如何。

演說者必須對題目有把握，將各種事實先加以收集、整理並歸納，引用的材料要精準！

你也要和主辦方先了解，是否要藉講師講出他們需要的，甚至他們最需要熱賣的重點商品你先搞清楚。演講流程弄清楚，要不要用輔助器材或助手協助，氣氛掌握好，邀請方更會滿意。

知己知彼，在看到現場聽眾的肢體反應後，適切修正，以求盡善盡美。

講師的舉手投足要有大將之風，無形中更放送說服力。

講師就是要講自己勝任的！講對方要聽的！講出撞擊學員的心靈的。

舉一個語不驚人勢不休的實例。

一位美國籍講師在開場時便講出這一段驚人之言：

「美國人是世上最惡劣的犯罪集團。這麼說，想必令諸位驚訝不已，然而，這卻是事實！

亥俄州的克里布蘭多市，有高出倫敦六倍的殺人犯。每年在克里布蘭多市中，被偷、被襲擊的被害人數，遠超過英國全國的被害者的人數。

此外，聖保羅市每年被殺害的人數，也超過英格蘭及威爾斯的被害者人數。

紐約殺人案件的數量也高於法國、德國、義大利、英國等國。

可悲的是犯人們在這個國家並未受到應有的懲罰。換句話說，在這個國家，以一個愛好和平的市民來說，因罹患癌症死的或然率，比您因射殺某人而被判死刑的或然率，還要高出十倍之多！」

很驚人和很精采吧！

人時地經結五字訣

　　會不會突然有即席說話的狀況發生！

　　身為一位現代人，當然會常常有被要即席說話的機會。你可以拒絕嗎？拒絕當然不好，你要有好的表現的能力。

　　你要有七步才子之智慧，在短短幾秒鐘之中，立刻呈現美好的成果

　　你要**借人而發、借景而發、借事而發、借物而發、借題發揮**的本事。

　　從容不迫，有條有理的發揮。

　　借人而發，是舉一位人物來衍伸，如現場中的名人、主人、領導，或今天的主角，婚禮的新人、得獎的高手，或者值得大家借鏡的人士，但勿要誇張或太拍馬屁，過猶不及會惹人生厭。

　　借景而發，是用現場的布置，或路上的風景，或這城市或演講的這酒店的淵源來陳述，這會讓大家產生親切感。

　　借事而發，是一件會引起興趣的事件來陳述，越是離當天不遠，越能讓大家關注，如演藝人員誰發生甚麼狀況。

　　借物而發，獎盃、獎牌、飾品、產品、禮物，大家看得到，有紀念或留念性的物品。

　　借題發揮，有甚麼樣的議題是大家關切的，如法令、如社會突發事故，或領導人講了甚麼樣的話，你加以詮釋，大家會對你另眼相看。借

題發揮切記不可離題，我就看到一位來賓在婚宴時，上台突然間講到「**路歸路、橋歸橋**」這句太離題、而且煞風景的話，他的形象突然受質疑。

你還可以用人、時、地、經、結來做套路。

我、你、他，或者誰，在今天或甚麼時候，在哪個都市或哪個場合，做了哪些事，過程如何，最後我期望大家能如何，緊湊有利有條理，賓主盡歡。

我來舉個段子大家參考參考，好比我參加保險公司的盛會，突然被司儀請上台講幾句話，我想我會如此發揮：

「我是來自台灣的陳亦純，我是 1975 年進入保險公司的，年資快 50 年了，今天很榮幸能受邀參加這場盛會，在如今民眾最需要保險的時代，為何是最需要？因為如今是生不如死、結婚數和離婚數相當、毛小孩多於真小孩的時代，未來必然是靠親人不如靠自己，靠自己不如靠保險，所以擔負把保險重責大任傳播到家家戶戶的各位，您參與今天這場盛大又激情的洗禮，我相信在主辦單位細心用心的準備下，您必然會得到最大的啟發和收穫，祝福在場所有有心的保險英雄們！」

短短兩分鐘、激昂慷慨，沒廢話，句句鍥中與會人士的內心深處，在場領導滿意、所有人都樂意，接受未來的課程邀約必然是當然之事！

如何把演講和事業共存

　　演講並不會造成你的事業、工作的妨礙，反而是因為知名度的提升，形象的擴展，像打廣告一樣，該有的業務更能成長。

　　你對邀約演講的看法決定你的做法和人生態度。

　　你的定位在哪裡，你的地位便會在哪裡。

　　如果你要用演講賺錢，除非你全心去作，否則因為分心，兩邊都不得到究竟，如果你想要有斜槓收入或在要退休後（其實人生哪裡有退休這兩字，你的想像吧！）你要靠演講獲得主要收入是不容易的。

　　演講和事業兩者如何並存的。

一、首先你要有業務代理人，有些人業務做久了，收入並不差，但沒有個人助理或秘書，是捨不得投資還是找不到人，歸根究柢是沒有將工作企業化之故，如果企業化，你的代理人出現了，你的業務會更擴張，你要演講、分享便不會影響你的主要工作。

二、你要敢接受挑戰，不能輕易承諾，做不到別承諾、承諾要作得到、作得到要早到、早到更要心到。你要把每一次的演講當作是生命中的最重要一次，要準備到盡善盡美，你要讓對方滿意。

三、速度要快，很多公司或大會的邀約，要讓他們很放心，要甚麼資料快速提供，甚至還催促對方，提供的資料是否到位、合宜。很多人

（其實是大多數的人）喜歡拖拖拉拉，主辦單位一催再催，有時候甚至讓負責的人感覺已經到了生不如死的狀況了。

四、盡量配合對方的需要，對方需要你的協助，需要你幫他企業擴大，講師本身是顧問師功能。如此，你的事業和志業就可並存，你可以得到好的事業方向。

五、要傳承你的理念，要有接班人，接班人是你的學生或事業夥伴，藉由擴大事業的佔率，你的事業版圖擴張中，不論你是科技業、金融理財業、傳銷業、健康事業，你都要有好口才，傳播理念，打造事業的大格局，如此，演講和事業兩者是並存的。

六、你可以打造一個講師團隊，用線上、線下、製作影片、訓練民眾好口才、提升講師職能，在推廣講師職能上，你的事業也形成。

我認識一位老師，他以講師為天命，協助企業成長為責任。

他給自己一個目標，在六十歲前弘法，宏企業經營之大法，六十歲後出家，修出世之天人性法。

他擔任為數不多的幾家企業顧問，因為他擔任顧問的公司必須一年營業額十億以上，EPS 一億以上，員工百人以上，如此，他每周用六小時的時間去協助、輔導、診斷，他要和他顧問的公司一起擴大，做對社會有益的事。

從第一次上台開始磨鍊

卓越的講師不是天生的。

是從緊張、懊惱、自認丟臉開始的。

腳在打顫，手在發抖，牙齒咬到舌頭，結結巴巴講不出話，大概就那麼一兩分鐘，頭腦空白，悵然下台。第一次上台的人大概都是這樣子吧。

因為經驗不足，沒有做好準備，所以慌了手腳，狼狽而退。

要把這經驗引以為鑑，好好的檢討，思考還有機會上台該如何發表。

可以錯誤幾次，不要屢次如此不堪。

經過幾次的上台經驗，你會得到很好的收穫與效果！

1、**從一開場就要吸睛**，包裝吸引人的開場橋段，或從自己的名字去逗人發笑。

一位講師她名字是江美齡，她是這樣介紹自己的。「我本來名叫宋美齡，但過了長江後就變成江美齡。」才兩句話，立刻引來一陣爆笑。

張淡生老師是華人講師聯盟的創始會長，他說：我是張淡生，有一次我進入一家公司做銷售拜訪，看到櫃台小姐的名牌最後一個字也是「淡」，當下沒有多想，立刻向她說：小姐您好，這麼巧，我的名字有一個字和你一樣，「淡」，但是我的「淡」在中間，你的「淡」在下面。

小姐一聽，臉色大變，破口就罵。「無恥、下流！」

一樣也引來爆笑。

好的開始，增加自己的信心，接下去就好說了。

2、**你也可以爭取當主持人**，去學習如何介紹講師，如何把講師的資歷簡要說明，再把講師要講的主題稍作引介。最後還要如何結語或請主管致贈禮物、車馬費等。這可以增加自己當眾講話的機會。

3、**怕丟臉，就只好多準備**，怕丟臉，多丟臉幾次就不怕丟臉。不要臉，就會有臉面，多練習、多摩擬情境。多準備，準備會熟練，熟練就不會丟臉，何況丟臉幾次就不怕丟臉了。

4、**去找書籍**，從書籍裡面去看名人怎麼講話的。去背書裡面的金句，也記下一些必要的故事。記下要講話的重點，掌握好關鍵，當再上台時，或許不是侃侃而談，最起碼不會臉紅耳赤。

5、**要多講故事**，一場公開的演說裡，如果只是平舖直述，聽眾會受不了的，也不會留下好的收穫和記憶，穿插適當的故事，可以是你自己我發生的經過，也可以是你聽來的故事，或者是激勵的典故寓言，氣氛會好，效果會大大出現。

6、**你要去問有經驗的人**，他們為什麼能夠講得好，是什麼原因。你要問主管和講得好的人，請教如何改善你的演說技巧，人都是好為人師，你愈是謙虛，收穫會愈大。總之，你要把上台當作是很自然的事，再自然不過的事，多講幾次，你就可以上手了。

從生手一步一步變熟手，不敢說高手，起碼說是熟手不為過。

從吸收到轉化

台諺說；看一個影子，生一個孩子。

意思是說你要能延伸和轉化，尤其是演講當日或近日的當紅事件，你能即時讓聽眾得到突如其來的驚喜嗎？

在演講時，要加入最新的素材，不要一套講題走天下。

蠻多的講師，他們的內容大致一樣，只是換講題，不換內容。

好比一位台灣幾十年前的講師，他在擔任一個國家級的事業時，創造了很大的績效，其中過程很是精彩和激勵人心，但因為任期結束後下台，暫無適當職務，於是接受紛至而來的分享邀約。

他到現場，問主辦單位，今天主題是甚麼，一上台，先向現場主要人物致意之後，把題目講了一次，稍作解釋後，立刻帶入他的努力過程。

這場面是否很有趣，這叫做萬變不如其宗。

這不是不好，但一直如此，就太過於應付了，尤其是陪同人員受苦，因為都是聽到一樣的內容。

有一年，我去大馬巡迴演講，講了五個地方後，陪同的老總說：「陳老師，你講了五場，我聽了五場，除了題目一樣外，你的內容都不同，您不用那麼辛苦的，您就講一樣的東西就可以了！」

但我回答他：「我只要上台看到你在台下，心裡就想，不要讓你都

聽一樣的內容，我要挑戰自己，反正我的素材、故事多的是！」

講師的東西為何多？

因為好好準備，他用十多倍的時間至少準備了三倍以上的素材。

而且在臨場中所撞擊到的靈感，或者和主辦單位或學員共處時得到反應，一直加入到內容中。

也從前幾場不同講師的內容裡的收穫化成自己的資材，把別人的東西變成自己的東西。

現在是數位時代，手機裡可以找到各式各樣的資料，若說你的材料貧窮，老是講過往的那一套，這就代表你不用心，你沒有讓自己隨著時代成長，你是得不到尊重和歡迎的，你要把手機蒐集到的人地物資料轉化。

開始是抄襲，再來是昇華，重點是超越。

講師是要普渡眾生，讓聽眾受益，責任重大，輕忽不得。

要做一個受尊重的講師，你必須要有願景和信念，也要有夢想。

一位馬來西亞的成功企業家和講師阿連，在視頻課程裡她講了一句話。

「不要讓你的夢想，只剩下『夢』與『想』！」

有夢很美，但能把夢想成真才是真正的美。

講師必須要熱情洋溢

講師必須是一個好奇寶寶，對各種事物抱著好奇之心，去分析、收藏、發揮。

聽到好的點子，立刻去轉化。聽到有好書、好的視頻、電影、景點、餐廳，都想趕緊去嘗試。

一流的推銷員並非天生，而是後天訓練出來的。

舉一位從泛泛之輩變成壽險推銷大王的故事。

法蘭克.貝格原來是聖路易職棒球隊的三壘手。不料在一次比賽中，被球擊傷肩膀，使他被迫放棄職棒生涯，回到家鄉費城，在一家傢俱行擔任分期付款的收款員。

但這份工作沒有挑戰性，不是他要的。於是他轉到挑戰度高的保險營銷工作。

但十個月推銷保險的生涯，是貝格一生當中最暗淡、最沮喪的日子。

他四處碰壁，不管他如何努力，業績總是掛零。

在自我檢討之後，他認為自己並非幹營銷保險的料，於是準備再改行。

就在此時，他參加了戴爾.卡內基（Dale Carnegie）主辦的演講培訓課程。

那個晚上，貝格上台練習說話，才講到一半，卡內基打斷他的話，並問道：「請問你對自己在台上所說的事情，充滿濃厚的興趣嗎？」

「是的，我當然對自己所說的有興趣啊！」

卡內基沉聲道：「既然如此，你為何不說得熱情洋溢呢？你自己感興趣的話，假如你不說得活力而有生機，又怎能吸引聽眾，產生共鳴呢？

好吧！你先下來，換我替你來說。」

卡內基上台代替貝格說話。他還是用貝格談話內容，可是措詞、音調以及動作都和貝格完全不同。

達到最高潮之時，竟舉起身旁的椅子往牆壁擲去。「嘩啦！」一聲，椅子被擲得稀爛。

貝格目睹一切，內心驚訝萬狀，立刻頓悟：「卡內基先生說話的內容跟我完全相同，可是效果卻南轅北轍，主要因素就在『熱情洋溢』這四個字。」

頓悟之後，他決心留在保險業，並以「熱情洋溢」做為畢生努力的座右銘。

必須先感動自己，才有可能感動別人。

在登台做分享時，盡可能活潑熱鬧、內容還五花八門，蒐集和在雜誌或媒體所披露的文章及故事便可大量引用。

你在一年所看的書籍和雜誌有多少本，每天用在交通時間有多少，這是最好的學習時間。

從耳機裡所聽到的各式各樣視頻音頻，成了最豐富的知識糧食，不要說沒有時間，那是藉口，你把時間用到哪裡去了是重點，善用時間收藏資料，你的人生會多采多姿。

你會講故事嗎？

　　講師必須是一個會講故事的人，為甚麼？

　　從故事裡延伸課程的重點，從啟式帶動情緒的發展，用故事讓學員進入情境，讓演講活潑生動，留下對課程或講師的好記憶及印象。

　　講什麼樣的故事呢？

1、講你自己的經驗。這是最能讓聽眾親臨實境的好效果，但不要誇大，是事實，是你做得到，你奉獻給大家，期望大家能參考或也可以做到。

2、講你聽到的。成功者的案例，或者慘痛的教訓，最好是事實，離現在不遠，有跡可循，人時地事皆可考，聽者立馬有感觸，可學到精髓，可以應用，可以再分傳出去。

3、從雲端得來的。手機裡的資訊太多了，不要看過就算了，有用地留下來，留下來歸納、整理，這些資料或許很多人知道，但你會用，你就贏人一籌。

4、從書中得到的。要多看書，多從書中摘取有用的資料或故事，不可能每一本書都有用，但每一本書都有可用之處。

5、從古老的書籍典故蒐集來的。能夠綿延流傳百年、千年，必有寶貴的教材或教訓。講師事時地引用和提示，古今輝映，感觸必良多。

6、從社團學來或聽來的。一位講師一定要參加幾個社團，除了人脈連結，

重要的是得到最新最有用的情資，社團大部分是封閉式的。如宗親會、同鄉會、商會，大家聚在一情，情濃於血，互相幫忙是必然。如果你有心，平時多付出，聚會時當主持人或引言人或結語者，或者還當上主席或會長，不單單得到很多聲音或消息，你的口才藉由一次次的公開表達，你的表現必然逐日提升。

　　人們都是喜歡聽故事的，嚴肅、枯燥的表達難以得到共鳴，藉由故事、案例和啟示，聽者會有共鳴，進而達到啟發和收穫。如此，這位講師將逐步得到口碑，成為受歡迎的講師。

　　從事講師工作就如同修行，一點點地克服自私、狹隘、懦弱、懶惰、自卑等心理障礙，培養博愛、寬廣、堅　、勤奮、自信、達觀等品性。

　　從而享受志業的快樂，這是十分不容易的事，但惟其難，才更有價值。

　　聖經上有一句話；

　　所做的若合神意，

　　神自會成就一切。

　　只要做所能做的，

　　神就做祂要做的。

　　有志要擔任講師志業的夥伴們，必須多努力充實和提升。

故事如何蒐集

有人問我為何課程中故事這麼多？

我回答道：大量閱讀、大量蒐集、大量存檔。

倉庫要大，裝得多。必要時發布出去。

背下來、講出去！

多讀書是最好的方法。

要把生命經營好，多讀、多講、多看、強聞博記，才有機會脫穎而出！

讀書被譽為"生命的美容"。書卷氣自有一種迷人的優雅。多讀書的人氣運自然大不同，談吐也不俗。

有人說；擁有了書卷氣，便消除了傲氣、嬌氣、霸氣、激憤氣、粗俗氣、痞子氣、卑微氣、小市民氣。

擁有了書卷氣，便增加了靜氣、秀氣、靈氣、自在氣、文明氣、富足氣、高貴氣、泱泱大氣。

一部經典，半杯香茗，足以富可敵國、貴比王侯。多讀好書，豐富生活。增加了豐富的生命力。

你一年看幾本書？你買了幾本書？你多久進入書店一次？你買書、學習的費用占收入的多少百分比。

閱讀還有很多好出處。

可以刺激大腦，書本的見解通常非一般泛泛之徒的言談可及。

可以減少壓力，沉浸在某些精彩的故事中，將你帶到不同的王國，迷人的文詞讓你的緊張消失，得到放鬆。

可以增長不同領域的知識。不用出國，不避耗費時間，立即得到不同領域的典故人文和智慧。

可以提高演講能力和擴大詞彙。讓你在表達時，豐富得詞彙，精采的演述，讓對方刮目相看。

多閱讀，可以增強分析思考能力。你會分析書中的人事物，通過書中去揣摩進度和結局。

最重要的是，如果你是一位充滿靈氣的人，在演說時，談吐不凡，隨手拈來皆是學問，腹有詩書氣自華，見識超群，他人當然多麼的喜歡你了！

講師就是要讓人喜歡和接受。

講師要簽一手好字

講師講得好，學員會追逐，會希望合影或留幾個勉勵的字。

此時你就要好好表現你的字了。

我認為講師要能夠在你的著作或留下幾個讓人敬仰的名字或勉勵的話。

先講一個胡不字縣長的故事。

東方縣縣長胡不字，出身基層，大字不認識幾個，但幾十年批改文件，練就了五個好字：「同意胡不字」。

這一年，日本犬狼市市長犬一太郎，邀請胡不字訪問日本。胡不字到達日本以後，犬一太郎陪同參觀中日文化藝術交流中心。

在書法展覽室，犬一太郎突然邀請胡不字提詩一首，以便留作紀念。

這一下可難壞了胡不字，因為胡不字就會寫五個字，「同意胡不字」。

胡縣長急的一腦門子汗！突然靈光一閃，拿起筆來龍飛鳳舞、筆走龍蛇、一揮而就：

字同意不同，

意同字不同。

同字不同意，

同意不同字。

胡不字。

眾人看後無不拍手稱絕！齊誇胡縣長才高八斗，此詩不但是中日歷史、文化交流的真實寫照，更是中日文化的精髓和點睛之作。

日本同行大發感概：日本根本沒有學到漢字的真意。日本市長犬一太郎立即指示，「本市媒體，全力報導胡縣長這一佳作」。

日本國內其它媒體紛紛轉載，一時之間，胡不字在日本成了偶像級人物。

這故事雖然是瞎掰的，但告訴我們，雖然學問不怎麼樣，但起碼會寫好自己的名字。

字如其人、以字看人。

你要有一隻好筆，和能用好筆簽出來的好名字。

再有勉勵字句幾句，必要時大筆一揮，你的著作行銷千里，不亦快哉！

我隨身帶兩支筆，一隻是兩用原子筆，可以點寫手機和寫字，一隻是鋼筆，簽書時用的。

用鋼筆寫字現在的人少有，我一簽字，通常引來讚呼，「哇！陳老師用鋼筆啊！」加上簽自己龍飛鳳舞的名字（寫習慣當然順手），如果學員希望我給他寫幾個勉勵的話，即要不加思索地寫出幾句話。如**「事在人為！」**、**「為人點燈、明在我前！」**或獨特名言**「成是成人之美，功是功德圓滿！」**會留給學員無限的啟發和喜歡！

二、能讓人感動才是好講師

你的敘述是否讓人感動？

感動別人之前先感動自己。

我常引用這個真實經歷讓學員動容。

一動容，課就好上了。這真實故事發生在我從事保險工作的初期。

『一次我和一位瓦斯行向老闆談保險，老闆當場買了張壽險，裡面有癌症住院每天給付五百元。簽單時，他的送貨員回來了，看到一桌的錢，問說：「老闆，你們在幹嘛？」老闆說：「買保險，你也來買！趕快把錢拿出來！六千多塊而已！」這個人也不囉唆，口袋裡面掏掏掏，掏了一堆錢出來，一算也有六千多塊，我說：「夠了！我來辦。」他買了跟老闆內容一樣的保單。

過了大概半年的時間，有一天那位老闆打電話給我：「上次跟你買保險的小江忽然不能動了，現在躺在醫院裡面，你趕快去看看吧！」

竟然是脊椎癌，一方面替他很難過，一方面欣慰，幸好當時有加辦癌症險，否則還不能賠哩！

從那天開始，我每個月就從公司拿了一張一萬五千元的支票送到醫院給他太太。一年左右，他不幸身故了！身故的時候，一百八十幾公分高的人，瘦得只剩下三十幾公斤。

我向他太太說：「江太太，理賠金支票開出來的時候，我是不是送

到你家去？」

　　她說：「你不必送過來！我去你們公司領，你們公司在臺北關帝廟對面，我去拜拜，順便去領。」她來領支票那一天，帶了三個小孩子，小孩子都很小！我先請他們坐下來，把理賠的支票拿給她，她把支票折好、收好，放在皮包裡面。突然間，她拉起三個小朋友，四個人一字排開的站在我的面前，我一時還不知道她要做甚麼，就聽到她大叫一聲：「跪！」

　　四個人就這樣的在我的面前跪了下去，而且大哭起來，我驚嚇之餘，趕快拉她起來：「快起來！有話好說，不要這樣子，趕快起來！」她一邊哭，一邊說：「我老公平常胡作非為，花天酒地，對家庭都不照顧。跟你買保險的那天早上，他一早就去賭博了。他買保險的那筆錢，還是賭博贏來的。雖然他不顧家，但我還是得照顧他，這一年來每個月保險公司給我們一萬五千元，讓我們家還能撐著！現在又領到這筆錢，如果沒有這筆錢，三個小孩子還這麼小，未來怎麼辦呢？」

　　講這真實的故事，我幾乎每次都哽咽，而聽眾也往往熱淚盈眶，事實加上戲劇化的陳述，這場演講應該就成功了一半，而且那一聲：「跪！」，深深的烙入心斐。」

　　講師一定要有幾個可以打動群眾的故事，不論是親身的故事，還是轉手來的故事，你要能夠發揮的淋漓盡致。

講師的肢體語言

英國前首相邱吉爾說：你能夠對著多少當場演講，你的事業就會有多大！

但是要當著眾人的面前講話，不是那麼簡單的。

先記住，絕對！絕對！絕對！**重要的話要講三次，你面對滿山滿谷的人，一開口絕對不能講：想不到今天有這麼多人來這裡，我有一點緊張。**

你講這一句話，氣勢立刻沒了，自信心也掉了。

出場前，吸口氣，挺胸、站直，邁出有力的穩重腳步，微笑，走到定點，左右用眼神致意，一鞠躬，把你最帥的手勢舉出和群眾打招呼。

你的身體會講話。

全球連續 12 年排名第一的汽車銷售冠軍喬吉拉德，曾經受邀到台灣演講，他在現場或跑或跳，或站或坐，有時候走下舞台和群眾互動交流，有時還爬上講桌，賣力演出讓人目瞪口呆、嘖嘖稱奇 。

有一句話說：坐著說不如站著說，站著說不如走的說，走的說不如走到群眾裡面說。

所謂君子動口不動手，是人際互動的原則，但在台上演講，不只要動口，還要動手，甚至有時還動腳。

手勢是身體語言裡面中最多的一種無聲的表達，豐富的手可以幫助

重點顯示，可以補助語言不足，可以吸引觀眾的目光。

　　手勢大可以表現你的朝氣蓬勃、活力充沛，手掌手臂配合身體揮動，反應講者大將之風的恢宏氣度。

　　反之無意識的摸頭髮、抓鼻子、雙手抱胸、轉翻筆或麥克風，或站三七步，身體無意識搖晃，這是不該有的肢體動作。

　　翻轉時代，中規中矩、不動如山站在講台後方的念稿方式已經過去了，多元互動、魅力四射的全方位演出，讓演講台成為舞台，讓舞台成為火力的奔放處！

　　語氣是自信的表徵，你的用語是否有力，咬字清楚嗎？有沒有鏗鏘有力？

　　眼神是否配合演出，環繞四方，肯定有神，氣力萬挺，眼神是溝通的信息，要面面俱到，要讓觀眾接受。

　　愛默生說過：沒有熱誠，就無法成就任何偉大的事業！

　　台灣大學有一位評比第一的河馬教授張文亮，他的學識淵博，豐富肢體動作，多變的語調和充滿魅力的姿態，不但讓教室座無虛席，窗外旁聽走道擠滿了他校學生和風聞而來的民眾。

　　一百分鐘的一堂課，讓站著旁聽的人們都忘了腳痠腿麻，這是甚麼的一個狀況？

　　他的授課像是把台下的聽者當作戀人興奮熱情，熊熊的熱情吸引了對方，講師能發揮到這程度，就不枉費講師這條路了。

講出來的話聽眾喜歡聽嗎？

講師的用字虔詞得當嗎？

能不能適時引用詩詞歌賦，或者名句？

抑揚頓挫的聲調可否被聽眾當成是優美的音樂？

口音掌握是否順耳不吵雜？

專有名詞、術語少講。

一名好的講師，絕對不是隨便講講就好。

要下的苦功相當多，可以說是一門專業知識，講師的能力是表達力加上專業力的綜合呈現。

講師所需要的表達力，包含了讓聽眾知識聽得懂、教材或 PPT 讀得懂、理論有道理，技法可用四項功能。

講師是門整合性的學問，要累積累積再累積。

所謂台上一分鐘，台下十年功，

需要多年的積累與不斷的成長，才能與時俱進的把知識傳遞給授眾；利用自己研發出來的功力，創造有效的影響力，進而改變別人的生命！

一堂課講下來，聽眾希望的是可以現學現用，但有時候學員是有聽沒有懂，講者應該有讓學員發問的機會，否則浪費了學員的時間和金錢。

讓學員聽懂，是講師有修養、有道德、有責任的做法。

當你認為有需要讓學員發問時，你要尊重他的發言，你要了解他的問題所在，不可實問虛答，你要深入回答，如果別人都懂了，但發問者還糾纏不清，可以請他稍後私下回答。

如果問的問題是離題，或太專業，或牽涉到私人問題，講師就要小心了。

或四兩撥千斤的撥開，或告知此問題不宜立即回答。或講師自問自答或請他人代答。學員代答，有時候增加情緒的提升、現場溫度增加。

你如果是位有經驗講師，你可能準備了一些小禮物，此時就可以派上用場了。

處理較棘手問題，需要豐富經驗，方法沒有固定模式。

總之，要讓聽眾聽懂你到底講甚麼，可以學到甚麼，這是很重要的事。

倫敦海德公園裡，周日的午後，是各色人雲集的地方，有很多人帶著肥皂箱站就可以即席演講。你可以自由選擇各種演講來聽，如教徒怎樣避免犯錯、第三次世界大戰會不會發生、回教徒為什麼可以娶三妻四妾。

但是仔細看一看，就可發現有些講者身邊圍滿人群，而他旁邊的演說者門可羅雀。這是為什麼呢？

原因不是講題，講的內容在這種日子、這個時間不會是重點。

重點在於演說者本身。能夠吸引眾多聽眾的演說者，對自己的主題有自信及興趣，熱情和激情及有力的表演引起他人的注意。當表達出來時，充滿了活力和生氣，也因此贏得了人們的青睞。所以，你必須知道，為何講師有高下之分了。

穿甚麼衣服講甚麼話

　　2021 年，36 歲的吳弭（音讀米）Michelle Wu，是波士頓兩百年來首位經選舉產生的女性及非白人市長。身上有著多重標籤：平民出身、台裔移民二代、職業婦女、小企業主、兩個男孩的母親，她憑藉著豐富的專業與親身經驗，以及強大的親和力，成功擄獲了 60% 波士頓選民的心。

　　在最後的競選日，她穿上一身大紅洋裝，製造了極致的熱情跟興奮感，加上大紅色口紅，創造出正面的氛圍！

　　她還露出 20 顆牙齒，燦爛和熱情，她的笑容讓全場都熱起來，

　　她在演說時使用大量的重複相同句型，緊緊改變其中的關鍵詞，話語像催油門一樣，一句一句越催越緊，越疊越高！

我們已經準備好成為每個人的波士頓！

我們已經準備好成為一個不會把人趕出去的波士頓！

我們已經準備好成為一個所有人都能夠負擔得起的波士頓！

　　他創造出容易懂，好記又觸動人心的效果溝通！

　　一場成功的演說，不是你穿什麼？而是別人看到什麼！不是你表現什麼？而是別人感受到什麼！不是你說什麼？而是別人聽到什麼！

　　吳弭幫我們做得很好的示範，她的專業熱情 100% 被看見！

　　講師儀容一定要正確，如果不確定對方需要你的穿著如何，最好先

詢問，配合對方。

如果不能確定，最好是穿正裝，男士們加領帶。

流行趨勢有時候不能凸顯你的專業，好比是破洞的褲子。

配件也要稍稍注意，西裝要加禮巾嗎？

女士一定非高跟鞋不可嗎？高跟鞋一穿一兩個鐘頭，有時是難以承受的。

穿著一定是大學問，一位講師的衣服代表專業是無庸置疑的。

曾經有一個調查，詢問在眾人面前講話時，衣著會給自己甚麼樣的心理影響。

得到的回答，幾乎異口同聲的說，穿著整齊得體的衣服在台上時，就會感受到自信和力量。

顯然的，外表的得當是演講成功的第一步，標新立異不是很好的表現，若是因為衣著得到奇怪的眼神，這眼神有時會傷害一個講師的。

寧可微笑生皺紋，莫因嚴肅而蒼老

　　一個有心當講師的人必須常加以檢討，我的外表是否討好？我的面容是否顯現出愉悅且讓人接受的神情？

　　日本的推銷之神原一平，他光是研究笑容，就分辨出 38 種不同的呈現。或許這是日本人太過度的細膩個性，但告訴我們的啟示，光是笑也要專業與敬業。

　　一個老是愁眉苦臉的人，他往往身處在高壓力下，對於事情的鑽牛角尖，讓他難以伸展手腳。

　　笑營口常開之人，處事較為圓融，對事情的包容性也較寬闊。

　　松下幸之助說過，熱情的人容易成功。

　　以科學觀念而言，笑口常開拉動顏面神經，進而觸動左腦活動，左腦活動會分泌腦內嗎啡，刺激會使內心充滿活力，舉止更熱情有勁。

　　笑口常開的人，代表他爽朗、幽默、有鬥志。他會去影響整個職場的氣氛，如果他是主管，他的部屬會因主管的樂觀進取而生氣蓬勃，他的人際關係會良好·因為別人不用防備他。

　　笑口常開、和氣生財，笑容與修養都是可以訓練的，每天想辦法讓自己笑，主動對別人開口笑，甚至講笑話，持之以恆，自然養成樂觀習慣。

　　笑是福相，笑容可以迎賓，可以和氣生財，笑容是職場的樣和之氣，

笑帶著無限生機。

男人可以長得醜，但不能不好口。女人可以長得醜，但不能沒笑容，笑也是婦德之一。何況一笑遮百醜，長得再不怎麼的人因為笑，臉的線條柔和，呈現出來的氣質就較美，較討人喜愛。

有一個分析說，笑的時候牽動的骨骼是 6 根，而繃著臉反而牽動 14 根骨骼，何必就難去易呢？林肯說：人過了 40 歲，要為自己的面貌負責。一個脾氣不好、口氣不好的人，縱使心地再好，也不能稱為是好人。

上等人是有本事、沒脾氣，笑容可掬；

中等人是有本事、有脾氣，陰晴難定；

下等人是沒本事、有脾氣，望而生厭。

要把講師作好，先練就一副好面孔。但也要切記，笑是一種心裡的發射，絕不是虛偽的裝飾。不要當個笑面虎，讓人心生提防；也不要笑而謔，講出不入流、難登大雅之堂的言語。

笑容給人信心、實在、親切，笑容是修養、修煉的結果。笑態可掬發自內心

證嚴法師說：這世界四種人，富中之富，貧中之富，貧中之貧，富中之貧。

有錢的人兼有涵養，格局寬大，是富中之富。清貧之人但恬淡自如、熱情樂觀，他是充實之人。無錢又緊繃，或有錢而貪鏗，則都是真貧之人。

我常以「寧可微笑生皺紋，莫因嚴肅而蒼老」期許眾人，無非是要大家展現出祥和歡樂之貌，用展業之機影響這世上之苦悶，以陽光打開人情險惡之陰霾。

吸睛和要注意的狀況

演講時要能讓聽眾感到新鮮、及時感，你要有吸睛戰略。

舉的案例要能讓聽眾覺得身歷其境，你要能就地取材、你要把時事新聞做一番傳述，可以傳述，但要小心做批判，尤其有關敏感的政治面，你永遠不知道台下的聽眾他的政治取向，所以你不能受到反感。

開場可以用故事、名人佳句，也可詢問聽眾的希望值，但避免讓聽眾感覺不耐。

你可以帶道具，一本書、一張畫、一個讓聽眾眼光放亮的道具，但不要讓聽眾感覺莫名其妙或太小看不到。

你可以唱作俱佳，但不要自曝其短，我曾經兩次讓我驚嚇的經驗。

一次是大型的國際演講會，主辦人居然用不專業的歌聲唱著走出來，全場數千人目瞪口呆，驚嘆他的勇氣和沒有自知之明。

另一次是在台北的三百人理財講座，演講人也是用瘸腳的歌聲唱進場，全場聽眾噤聲無語，因為實在是恨不得找個地洞鑽進去。

這種吸睛實在太過於不聰明。

為避免出現不可測的狀況，也把自己的敬業態度顯現，一位講師最好提前到場。演講前若能把學員的特性了解，打探學員的特質是必要的。為了讓氣氛良好，發揮最好的狀況，多一點準備是好事。

講師要與聯絡人多溝通。

演講的原因和性質，人數有多少？他們想藉你的嘴講出甚麼樣的話？

講師費有多少，自己不方便問，最好有助手或經紀人詢問。

教材如何呈現？教材要不要給學員？現場可不可以照相？可否錄影？有無 QA ？這些最好事先講清楚。

大家通常認為講師在現場講課時，錄音、照相或把資料留下來有何不可。

但我就見過幾位講師。

現場的 PPT 資料不能錄音、照相，有些學員不信邪，偏偏手機拿起來就照相，講師一直阻擋，弄得現場氣氛非常不好。

我認為，既然敢登台，就應該無私分享，有何秘密和禁忌不能公開的。

我通常會要求學員照相、錄影和錄音，我的所有資料歡迎引用傳播。

你越是坦蕩蕩、無甚麼懼畏的，學員越能喜歡你、接受你。

不要把自己搞得很神秘，地位很了不起，話講一半，或說甚麼，今天時間不夠，下次有機會再和大家談。

這如果不是信心不足，準備不周，就是留一手，沒有甚麼意義的。

現場如果有突發狀況

一次，李敖在演講的問答時，發現一張聽眾提問的紙條，上至居然寫著「王八蛋」三字。

李敖不慌不亂，高高舉起紙面對聽眾。

並將紙條內容念給大家聽，然後說：「別人都問了問題，沒有簽名。這位朋友只簽了名，忘了問問題。他的名字叫『王八蛋』。」大廳裡響起一片掌聲、笑聲。

台灣保險天后莊秀鳳有一次在瀋陽，講了一半，一位學員舉手，大聲說道：「莊老師！您講的我去年都聽過了！」踢館來的，莊老師沒有慌，慢慢走下台，走到這位學員的面前，大聲問他：「你聽過了！很好！請問你達成了 TOT 沒？沒有，好！有沒有做到 COT？沒有，好！有沒有做到 MDRT？沒有，好！有沒有增員到 100 個人？還是沒有！簡單的事情重複作！你坐好，繼續聽！」

全場也是爆開熱烈的掌聲。

有一次白宮舉行音樂會，雷根總統在台上說話，一邊的夫人露西不知道怎麼回事，連同座椅摔到了台下，全場尖叫起來！

不過夫人並沒有摔傷，落地之後馬上爬了起來。

看到夫人沒有受傷，雷根立刻講了一句話：「親愛的夫人啊！我已

經認真告訴過你，只有當我講話沒有獲得掌聲的時候，您才可以進行這樣的表演啊！」

說完之後全場也響起一陣笑聲！

有時候，在還沒到問題發問時，有人發問怎麼辦？

你可以說，等一下再回。

或者立即回應；針對問題，你把題目重新再確認一次：「您的意思是？您是說這種問題嗎？」

全場的人都在看你。

你的態度是寬容緩和，儀態誠懇。

你也可以先將問題記下來後再回答，回答時，有條理的，第一點、第二點、第三點，有條不紊，部會實問虛答，不漏掉問題，你的專業大家看得到，大家會對講師的嚴謹感到佩服。

回答問題時，一定對著所有人說，態度誠懇，你會博得讚嘆。

演講中會有其他意外出現。

如突然停電、麥克風沒聲音、電腦或投影機失靈、檔案消失、觀眾鬧場。

不要慌，自我解嘲、隨機應變。

也不要急，在等待工作人員修復時，你不能停，不能愣在現場不知如何是好，一個好講師是可以應對任何狀況的。

講師的修養

一位講師除了台上所講的要達到使學員和主辦單位認可外，在下台後也必須得到尊敬。

一位東莞的企業老總發布在微信對講師的抱怨。

這位講師在台上葷素不拘，當然笑聲不斷，可是給人感覺很不得體。

演講的時段早就講好，因為當天還有其他活動要進行，但這老兄偏偏超時，對後方的指示牌，告知時間已到視而不見，搞得當天的行程一團亂。

這老兄在主辦單位的晚宴招待時，有意無意提出東莞的夜生活聽說很精彩，希望去探勘一番，主辦人不得不安排餘興節目，搞到半夜，接待人員怨聲載道。

當然這位的風評就難聽了。

有些講師有特殊要求也讓主辦單位困擾。

好比用餐有特殊要求，如不與其他講師同桌，住的酒店也有特殊規格，星級或某種風味，接送要禮車，要私人助理等等。

很敢要求，但演講的內容卻是一般般，名過其實而已。

有的講師修養好。對接待人員和藹可親，還留下紀念品給接待人員，離開酒店，留下字條給打掃的阿姨和師傅等。

講師的衣著也是顯示修養的一種面貌。

講師講激勵和如何成功，但如果一位男士鬆垮的上衣服和長褲，骯髒的鞋子，口袋鼓鼓的，裡面是筆、香菸和雜物。

女士臉上的妝扮是粗糙的，衣服也是相當不對稱，他們在台上，怎麼看都覺得不像是一位成功者，學員難以產生敬意。

聽眾不免要認為：這是甚麼樣的一個講師，還沒開講，心裡已經產生不舒服的感覺。

美國南北戰爭時，南軍認輸，李將軍到法庭去交卸他的軍隊，身著簇新的軍服，腰佩極名貴的軍刀。

而北方的格蘭特將軍卻穿著平時的軍便服。

後來格蘭特在其回憶錄這樣記載了當時的情形：「面對那樣一絲不苟、整齊神氣的衣服，以及那身長六呎的壯碩身材，當時的我簡直成了鮮明對照，多麼不像樣！」

在這樣歷史性的場面上，未能以適當的服裝蒞臨會場，難怪格蘭特將軍心中要留下了一生無法彌補的遺憾！

我也看到好幾位講師，在盛大的大會裡面穿著非常的不得體，甚至男士沒有打領帶就上來，或許他認為這是他的本性，或者時尚，但是他忘了主辦單位邀請他，是希望藉由他的外表、內在、經驗，學員們都得到巨大的收穫，他不莊重的外表，已經顯示他對學員的不尊重，反之，如果講師針對任何一場的演講都抱著最大的付出和奉獻之心，他的服裝必然是展現出最好的一面！

美好的結語回味無窮

美好的結束讓人回味無窮！**好的結束決定演說的成敗，要結束時，千萬不能說：「今天時間不夠用，還很多要講的沒有講。」、「今天沒有講得很好，希望下次還有機會來跟大家再分享。」誰喜歡聽到一個失敗者的言論呢？**

成功令人尊重、失敗者的言論沒有參考的價值。

拿破崙說：一個戰爭的成敗決定在最後的 5 分鐘。結束是很重要的。

美好的結束像是一位美女臨離別時，回眸一望，餘韻無窮。

也像電影最後的彩蛋，強化印象，令人難忘。

又像是不經意得到寶貴的禮物，小心翼翼地保存著，隨時可以拿出來品味一番。

我歸納幾種不同的結束方式給大家參考。

總結式的結尾 —— 總結今天的分享，我歸納幾點給大家，希望對大家有收益。

呼籲式的結尾 —— 我期望大家能一起來為我們的上一代盡一點心，為下一代用一點心！

抒情式的結尾 —— 船停在碼頭是最安全的，但那不是造船的目的。人呆在家裡是最舒服的，但那不是人生的追求。人生就像坐飛機，有頭

等艙也有經濟艙，雖然都是同時到達，但過程卻不同。

呼應式的結尾——讓我們一齊為貴公司莊總經理的呼籲，壯大公司和獲得全國民眾的認可而全力發揮！

祝頌式的結尾——我們一齊來為全世界最偉大的國家祝福！

用故事做結尾——短短的兩分鐘故事，深刻在現場每個人的心裡面。

用名言做結尾——巴菲特在股東會上說過一句話：做你沒做過的事情叫成長，做你不願意做的事情叫改變，做你不敢做的事情叫突破。最後以這句話送給各位，相信各位都可以突破人生的瓶頸。

用激勵做結尾——如「**人生沒有後悔的權力，不想後悔，從當下開始！**」、「**別為產品找客戶，要為客戶找商品。**」、「**有大夢作大事，有小夢作小事，無夢成不了事。**」、「**沒目標的人，要為有目標的人工作**」。

還有用總結觀點結尾、請求行動結尾。

留下想像空間，讓今天的結束不是終點，而是大家成功的情緣的開始。

一位講師要見好就趕緊收，時間一到，做出總結和主辦單位要的結果。

聚焦、不要畫蛇添足。

如果有賣課程、賣書要事先經得主辦單位同意，就是同意也需適當，簡單的重點，不要拖拖拉拉，破壞原先的好感覺。

我見過多位講師，原來講得還算可以，可是賣東西不得體，主辦單位臉色鐵青，下了課，東西也沒賣多少，太傷了！

記住重要人物的名字

在佛經故事裡曾經有一弟子，一天高興歡呼：「佛陀知我名！」因為佛陀在眾人說經的大會裡，提出他的名字，讓他興奮異常。

人的名字是最美好的聲音，在眾人吵雜的場合中，若有人叫他的名字，他還是會聽到的。

所以，是當的在演講中帶出一些特定人物的名字，如現場最高領導的名字、KEY MAN 的名字、公司高層的名字。

這是在拉關係、套交情、增情分，相當有加分功能的。

在美國總統的專業幕僚群中，有一位幕僚的工作內容就是專門替總統記住每一個人的名字，然後在總統遇見某人之前，這位幕僚就會先一步提醒總統此人的名字。

而那位被總統叫出名字的人，也會因總統竟然會記得他而雀躍不已，進而更堅定了自己對總統的支持。

我們應該注意一個名字裡所能包含的內容，並且要瞭解名字是完全屬於與我們交往的這個人、沒有人能夠取代的，名字能使他在許多人中顯得獨特。

你知道對方的名字，說明你們以前有過交往，你能喊出對方的名字，說明了他在你心目中的分量，誰都願意讓別人重視自己，記住自己，你

喊出對方的名字，恰恰滿足了對方的這一心願。

卡耐基曾經說過：「**一個人的姓名是他自己最熟悉、最甜美、最妙不可言的聲音，在交際中最明顯、最簡單、最重要、最能得到好感的方法，就是記住別人的名字。**」

在應酬場上與不相熟的人交往時，牢牢記住他的名字，並響亮地叫出他的名字吧！要知道，對他而言，這可是最美的稱讚。

要記住在如今數位化裡並不太難，把他的名字存在適當的群族裡，常和他互動就行了。

或者用他的名字諧音去記。

前些日子我碰見十多年前的一位朋友，也是本書的作者之一，我立即叫出他的名字「白傑！」他很是感動我居然可以記住他，其實，他是原住民，人黑黑的，但名字卻是又白又潔的，不就是很容易記住嗎？

我的一位同事「吳淑芬」，記住 50 分不就得了！

一位台灣出名的講師「吳寶芬」就是 500 分。

一位老闆「韓高渚」，好名字，記諧音「漢高祖」就是了。

總之，如果能在公開場合叫出一個人的名字，她會高興很久的，對你的商機是很有幫助的。

一開場便知有沒有

一位現任保險公司總經理的老友說，二十多年前他還是部門主管時，培訓部門邀我去演講，我的第一句話震驚全場，至今他們還津津樂道。

我是怎麼說的。

因為他們的業務部隊組建幾十年，始終百來人而已，他們要講師講重話，讓現場的業務領導們反省驚醒。

所以我左思右想，開口即說：「**廟小妖氣重、水淺王八多**。如果業務部門不夠大，人不夠多。業績不但無法要求，還會老是被抱怨牢騷所牽制！」

據他說，老師課後離開，老總把大家留下來，狠狠的批了一陣子。

所以這個開場式式有達到效果的。

我因為公司常要邀請各行各業高手來向業務同仁講課，所以對他們的風格便深深了解，講師們的開場式影響到大家的期望與學習力，有些講師開場開得好，有些不知所云，甚至緊張到不行。

最糟糕的是開場拼命誇耀自己的。

我曾陪一位專談理賠鑑定的講師全省巡迴走三場。三場把我聽得昏腦脹，因為他一上場，介紹自己的高學歷、高經驗、到哪裡分享過，整整就耗了將近三分之一的時間。

幸好後面的講解甚有見地，否則會被罵翻。

好的開始決定受歡迎的程度，一定要好好的設計規劃。上台前把自己的心理程度調到最好的層面上。

有一次，玫琳凱邀請一位名演說家到該公司做一場激勵士氣的演講。

因為班機延誤，所以演講時間開始時，演說家仍在機場趕往公司的途中。

為了因應此一尷尬，玫琳凱只好上台向員工做簡短演講。

不久，後台傳來演說家抵達的消息，她立刻結束演講並介紹演說者，而且回頭看了後台一眼。

只見他在後台不斷跳躍，並用雙手拍打自己的面頰，她心想：「他到底怎麼了？」

介紹完畢，他衝到台上做了一場絕佳的演說，鼓舞了員工的熱情。午宴時，玫琳凱好奇地問他演前為何有些怪異的舉動。

他解釋道：「我被上午的班機搞得精疲力盡，趕到這裡時，我覺得自己情緒低落，無法激勵別人。我必須用跳躍與拍打促使血壓升高，情緒高昂，否則如何完成一場激勵他人的演說呢！」

「人就跟腳踏車一樣，隔一段期間就得打打氣！」

講師也一樣，要幫別人打氣之前，先幫自己打氣，氣不足，耗氣損氣，衰氣傷人也傷己。

講正確的話

講師要講得體和讓學員受用的話。

先後次序也要抓準。

好比一個大學女生如果晚上在酒店陪酒，一定被罵不知恥。

但如果說：「一位酒店小姐還到大學讀書。」，那麼她會得到尊敬。

信徒若問師父：「一邊念佛一邊可以抽菸嗎？」當然不可以。

不過若改個問法：「我可不可以在抽菸時念佛？」，當然得到讚許，說他有慧根。

如果說：「我要和妳睡覺！」，一定會被說是流氓、下流。但如果說：「我陪妳起床！」這意境真高，這是徐志摩的詩句。

汽車銷售員如果說：「您開這部車一定很瀟灑和氣派！」感覺不差。

房屋仲介員若說：「您住在這屋子裡多有格調！」聽了很舒服。

保險業務人如果說：「您買了這個險，萬一死了可以賠 500 萬，生大病可以給付 200 萬。」這不豈是被瞪大小眼。

講師的用語要精準，因為一言既出，駟馬難追。

場有講師為自己的失言懊惱不已，這是好的，因為有些講師根本不知道自己有講錯話。

如何講正確的話。

1、講清楚，大家聽得懂的話。

2、有建設性的話。

3、說正向的話，不批評，不指桑罵槐。

4、大處著眼、小處著手。

5、迎合現場聽眾的口味。

6、不要用專家的姿態，講所謂專家的話。

7、保持好的心情、高度爽朗的情緒。

8、別賣關子，自以為是。

幾個絕對不能提的話。

1、攻擊別人、別公司、別行業的話。

2、喪氣的話不能提，上台永遠要正面。

3、別用模擬兩可的語句。

4、別用近乎色情的語句。

5、不要一直說教。

6、不要誇耀自己和領導的交情。

應該還有很多禁忌，反正，上台要小心。

口音與口頭禪

由於出生地的不同，每個人都會有他的母語和難以改掉的口音。但一個講師要受到歡迎，口音的應用需加注意。

碰到操有同樣口音的故鄉人，當然儘量用鄉音來拉攏他；但碰到非同鄉的，則小心別讓對方不能接受。

不見得特殊的口音無法讓人接受。相當多的演員及名人，他們操一口濃濃的鄉音卻頗受歡迎；尤其現在懷舊復古，土腔十足正是當道；況且頗多特殊地區的名詞，更是讓人驚豔和喜歡。

像是近來 2020 年在脫口秀火紅的遼寧省鐵嶺市的李雪琴，雖然口音重，但懂得放慢說法、自我調侃，引用讓人驚豔的笑段和橋段，所以紅極一時。

不過，使用口音仍要注意對方是否明瞭語義和接受你，別玩得過火或自我意識過重，讓人產生反感。

另一個和語言有關的，就是口頭禪了。每個人或多或少都有些口頭禪，平常或許不在意，但在陌生人或眾人面前一緊張，口頭禪就頻頻說出。

"是這個樣子、也就是說、總而言之、這個、這個……大概……也許……我想……這樣子啊……

一開始或許還覺得有趣，但多聽幾次後就會痛苦，再沒辦法制止時反感會立刻出現。

口頭禪往往自己不會知道，有時一旁的朋友會提醒，但通常大家都想做好人不加糾正。

應該想辦法克服這毛病才是。

還有，講三字經、粗魯的話、有顏色的話、批評的話、負面的話、批評同業的話、莫名其妙的話、沒有意義的話、專業名詞、其他國家語言、低俗語言、不夠專業的話話都需要少講，切記切記！

「甄嬛傳」裡面的名言——

「在後宮要生，要看主子在想什麼！

要活，要看其他女人在想什麼！」

一位想要得到學員認可的講師，他必須要在激烈競爭和一直進化的大眾市場裡。

要生，要看學生在想什麼、要甚麼！

要活，要看其他競爭的講師在想什麼！

寫一本讓人驚豔的書

要成為一位講師，首要之務就是能夠出一本書。

為什麼要出書？

出書是打造形象的立體表現，也是專家的實體，更是把講師的思想、理念具體陳述。

但有人認為出書是一個大工程，不知從何下手。

有人認為文才不足，不堪出書。

也有人認為自己功績未達好的程度，不敢出書。

不要怕出書，出書是件簡單的事，而且有可能名利雙收，最起碼得到名氣。

有心要成為講師的夥伴，你趕快出一本書，出書把你的理念、心得，甚至你是如何打造你的豐功偉業，還有你可以幫行業裡面的朋友解決什麼樣的困難，你藉一本書來呈現。

因為出書，受到媒體邀約，或自媒體宣傳，或社團邀約。

你把作品送給你的客戶，他們會以有榮焉，會認為沒有找錯人。

你把作品寄給準客戶，在他要決定向誰下單時加分。

你把書本寄給對你可能會有幫助的社團、媒體、學校，你的結緣會產生難以想像的功能。

出一本讓人驚豔的書這是作為講師的輔助品，當作一張大型名片，你的成就會遠遠超出你的預期。

　　我們來看看出一本書有哪些優點：

一、在你的專業裡，那些思想讓你與眾不同，可以讓聽眾跟隨。

二、用文字清楚地傳達你的想法，並令人信服。

三、讓人尊敬，畢竟不是人人都有能力出一本書

四、用書當禮物。一般的禮物，吃的吃下去就沒了，用的可能不適用，但書不一樣，不壞、不容易消失，長期可回想到你這個人。

五、能為你的意見成為領袖，並發展群眾關係。

六、你可以將內容轉換成其他平台的內容，如臉書、線上課程和視頻、音頻。

七、書中的論點或故事，可以在演講或其他時候派上用場。

八、暢銷的書增加你的財富，英國作家羅琳女士前將哈利波特介紹給世人時，是一貧如洗的單親媽媽，如今她不但和這位少年巫師一樣出名與神秘，財富也遠超過英國女王伊麗莎白二世，她的哈利波特系列小說老少著迷，已被翻譯成六十多種語言，銷售超過兩億五千本，她的小說拍成電影，在全球造成轟動，她成為英國鉅富。

九、傳世之作，雖然未來視雲端世界，但一本書的立體型態，視永遠傳承的。

一箭中靶心

　　講師講話有時要講能扎到心窩的話！

　　好比說，一個攤販推著車在擁擠的街道上，買東西的小姐太太們都不讓路。

　　攤販大叫：「當心身體被碰到！」沒有人理他。

　　他再叫道：「當心把衣服碰髒了！」只有少數幾個女人讓開。

　　他再大聲叫道：「當心勾破絲襪！」

　　女人全躲到行人道上面去了！一槍到底，直搗黃龍！

　　有道理！有效！

　　再舉一個例子，全場的學員聽了一定會有共鳴。

　　一位學生向老師問道：「老師，您教導我們要做好目標管理，請問您自己有作嗎？」

　　「當然有啊！」老師回答。

　　這時學生出示他的目標卡，「我的人生目標只有三個，一個是 65 歲退休，財務自主。第二是身體健康。第三是退休後可以隨心所欲的到世界各地旅遊！」

　　「老師！您看我現在幾歲了？」學員又問老師。

　　老師回答說：「大概 40 多或者 50 出頭！」「不！我再兩年就要退

休了！」

外表看來比年紀小，顯然身體狀況良好。

「我美國五十州都走遍了，也常到國外的旅遊，我計畫兩年後每年用三個月到半年的時間遊歷世界各國。」

能快樂的世界各地遊玩，財務自由當然不在話下。

這名學生說：「我每天一早將目標卡和工作清單比對，如果要做的事情對目標是沒有說明的，我就把它畫掉或調整先後次序，我要每天所做的事情，距離我的人生目標近一點。」

這故事很清楚的表達目標的重要性和具體化。

再做歸納結語。

有一句話如此說：「**夢想加上行動、計畫，就是目標！**」，目標是想要達成的人生藍圖，雖然難行還是要行！

「**是日已過　，命亦隨減，如少水魚，斯有何樂。當勤精進，慎勿放逸。**」

這是佛經上的警示，告訴我們每過一天，生命就少一天。該積極的看待自己的所作所為，體會所做的事情是否有價值，有意義！

這樣的敘述是不是很到味，有效益。

講案例或故事的注意點

　　講案例或故事要注意一些問題。：

1、**言之有理**。不要為講故事而講，每個故事一定有一個含意，一個啟發，或者傳達給學員的是生命的意義和理念。

2、**不能太長**。故事是畫龍點睛，不要反客為主、鳩佔鵲巢。講故事要簡短有力，幾句話就把故事講完了，留下思考和迴響。

3、**有情有義**。故事的內容具有強大的生命力，教忠教孝，深情深意，並且是正面、有能量。

4、**有血有淚**。充滿了激情和撞擊，有灑狗血的味道，但在故事裡有若干的血腥和殘酷也未嘗不可，在人生中，處處充滿暴力、天災、地變，如何保全、預防、做最壞的打算，這是充滿血淚故事的原由。

5、**有所啟發**。世代變了，老齡化、少子化、離婚數量比結婚多、毛小孩不輸真小孩，路上大肚子的是男人，女人不肯懷孕了。

6、**不要泛政治、宗教化**。很多事情是不要去碰的。一講立場就傷感情，在台上盡量不去說，要說也要客觀，或者站在國家、民族的立場去發揚，不要去找麻煩。

7、**情色不碰**。不要做情色故事的喧染者，情色非常態，在目前因為網路興盛，沒有甚麼看不到的影片和消息，但身為講師，不要推波助瀾，

不要公然推播色情文化，我們要作為社會正義之聲的號手。

8、**不要太荒繆**。不要誇大，不要無的放矢，別將違反常理，沒有道理的事情公然吹捧。

9、**要真實，尤其數字**。求真、求事實，聽重要的是事實，不是謠傳或以訛傳訛的無法認定的是，尤其是數字，如果沒有經過查證就隨意講出，不是令人恥笑的胡說而已，嚴重的犯下毀謗的刑責。

10、**個人故事別誇張**。免不了的。以自己的案例來舉證是最容易的，但往往會加以擴張事實，到後來，萬一有知道實際狀況的人提出糾正，那就難看了。

11、**講故事最重要的是「自信」，亦即對故事的含義肯定！**

演說中夾帶激勵的故事，你如果獲得眾人激賞，請注意，結束課程，步出講堂時，你的自信要保持讓學員受感染。

請挺直腰桿，頭抬高、挺直，含笑的向學員打招呼，若學員向你握手，要熱忱，不要虛應故事。

你的思想是最有力量的，你必須保持旺盛的心理狀態，勇敢、愉快的面向你的敬佩者！

從熱門書籍找啟示

你要從一些歷久彌新大家都而熟能詳的熱門書籍來舉例，可以讓一位講師受到矚目。

失落的致富經典 -- 百年前的書。吸引力法則。

秘密 -- 2006 朗達．拜恩出版。了解真正的自己，發現自己的偉大，成功的秘密是你可以得到所有你想要的東西，成為任何你憧憬的人物，成就一切你想完成的事！

前世今生 -- 布萊恩．魏斯 1988 出版。預知前世因，今生受者是。欲知來世果，今生做者是。

了凡四訓 -- 你可以改變命運。

牧羊少年奇幻之旅 -- 巴西作家保羅．科爾賀著作，老人對少年說：**不管你是誰 ，也不論那是什麼，只要你真心渴望一樣東西，就放手去做，因為渴望是發自於天地之心，因為那就是你來到這世間的任務，當你真心渴望某種東西時，整個宇宙都會聯合起來幫助你完成。**

福至心靈 you can have it all-- 阿諾德帕提特著作。所有人類都是為了獲得幸福而誕生的，應該說所謂不幸福的人生，根本就是胡說八道。

21 條萬能法則這本書裡的錢 5 條是這樣的：

1、創造宇宙的原料是能量

2、宇宙的能量就是愛

3、萬事萬物即為一，合而為一。

4、宇宙是完美的人類 ，也是完美的。

5、發生在自己身上事情 ，全部都是自己造成的。

天使走過人間 the Wheel of life 伊莉莎白羅斯著作。一生中你經歷過無數的苦難，你可能把苦難當作是上帝的懲罰，其實，他是上帝賜給你的奇遇，讓你成長，而成長是人生的唯一目標。

荷歐波諾波諾的幸福奇蹟 -- 修藍博士 著作，本書敘述，單單憑著反覆念誦，謝謝你、對不起、原諒我、我愛你，一切都可以清洗、修正、改變。

煩惱和不行、收入不夠，都是你過去的記憶存在意識當中，這些記憶在支配你的人生關係。

把這些不好的潛意識清理乾淨，你就會獲得進化，變得乾淨透明，與神聖的大智慧連結在一起，接受天 ，以人類原本的生存方式生活。

學生準備好，老師就來到。營銷員準備好，客戶就來的。心態準備好，團隊會來到！

從熱門書籍裡面找話題，講師開口，學員喜歡，講得生動活潑，大家滿意。

三、講師是愛與關懷的志業

1、散播愛與希望
2、善的循環
3、能快樂回饋社會
4、影響力決定你的成果
5、合乎人性的事業
6、每天講好話的事業
7、每天做好事的事業
8、每天交好朋友的事業
9、每天行佈施的事業
10、可以為興趣而作
11、你的善念決定生命的勝負
12、夢想與理念
13、助人利己
14、講師是昨天很明天的橋樑
15、掌握講師品牌價值

散播愛與希望

講師工作不只是為了能賺錢，最重要的值是能服務社會。

摩斯漢堡創辦人櫻田慧說：「**若能作出對社會有益的事，利潤自然隨之而來。**」

汽車人王亨利福特也說：「除了賺錢以外沒有其他價值的事業，是空洞的事業。」

美國嬌生公司的經營信條闡述目標：

一是服務顧客、二是照顧員工、三是回饋社會、四才是股東分享。

這都是以顧客和社會為先的兼善觀。

講師的功課是傳道、授業、解惑；講師要有受人敬重的定位。

1、對學員提供合適的觀念。

2、對學員給於有深度和嚴密的方法。

3、對已經聽過的學員得到嶄新的觀念。

4、讓學員傳播專業的能力。

5、給學員有重複再聽你的課程的盼望。

6、傳播新知和學員最需要的新資訊。

7、提供優質的理念。

8、讓學員建立良質的文化。

9、和學員一起為社會努力。

10、傳播幸福的事業。

這麼優質而且對社會多有貢獻的事業，值得我們無怨無悔，全力以赴，因為這是傳播幸福的志業。

社會上的行業非常多，但靜下心來思考，像講師能夠這麼直接、積極、正面傳播幸福的事業並多見。

我們是上天選上的使者，上天因為沒有辦法照顧到每一個家庭，所以派我們代表祂來造福民眾。

我們何其有幸，我們何其快樂，因為我們在創造幸福、傳播幸福。

擔任講師的動機，如果是為社會謀福祉，而不只是為自己的利益計算，我相信，冥冥之間，必可得到天助，上天幫助有心人，抱持使命感的人，必定可以脫穎而出。

如果將自己的心志提升，你這一生的修為無不是在服務全體的生命，你自己的心境也可以得到淨化，你的靈魂必然可以修練到更高層次。

你心目中所描繪的景象，就可以如實顯現。

有大夢，就可以發大願，發了大願即可出大力，有了大力，大事就可以去實現，人生至此，留下了大愛，不會留下遺憾！

善的循環

　　日本學者江本勝研究水晶體,「生命的意義水知道、幸福的真義水知道。」

　　他用兩本書把研究出來的照片,充份去顯示水晶體的變化。

　　因為意念、感覺、情緒,水的結晶會改變美醜與否。

　　你如果真心為別人好,別人會回饋你,你所想所做都是正面,大家都會尊重你、跟隨你。

　　松下幸之助他有積極的人生觀,認為壞運會變好運,危機就是轉機,任何逆境都能轉為順境。

　　這是他獲得名、利、壽的主因。

　　YKK 公司有獨特的經營哲學一善的循環。

　　一、做善事、種善因,善行一定得回報。

　　二、經營事業不是巧取豪奪,而是慷慨給予。你給予,別人會還你。如此一來,就會形成善的循環。

　　一個無法為別人福祉設想的人,別想成大功、立大業。

　　由於事業特性,講師特別有為別人謀福祉的機會。若出發點不全為私,就可以發揮得更為廣大。

　　心存善念的人,會有美好的人生。

意念或許不會立刻看出結果，但放大時間去看，二十年、三十年後的結果，莫不是現在的延伸。

　　不希望有不好的未來，當下就需要純正，更有善念。

　　以利而結合，會因利而分開；以善念為凝聚力，生命會堅毅。

　　將授課當作是分享、佈施；將學員的福祉放在首位，你雖不為私利而謀，但後果絕對會利己

　　你不以利益為念，你處處為學員的權益為念，你反而能得到真正回饋。

　　一位成功的講師，並不是為名氣和收穫而努力，盡廣義的社會責任才重要。

　　人到底為何而？不論時代已經轉變到數位化、雲端化。

　　「既然生而為人，就應該有值得留下名聲的一生」。

　　「對世界有幫助，自己也幸福！」是我們應該要思考的生活方式，這應該也是人們所追求的人生！

　　人類要努力地找出自己的工作與人生之價值與目標。如果不這樣做，很難堅持長期在一個崗位。

　　更重要的，人生的目標必須是志向高超的目標，如果是水準很低、充滿罪惡感的目標，幹勁也會在不知不覺間消失。

　　講師的價值高，每一場演說都有可能改變聽者的生命力和存在價值。

　　擔任講師，需要積極、擁有強烈的熱情，這就是講師存在的價值，這不是 AI 機器人可以頂替的！

能快樂回饋社會

　　任誰都有功成名就後，回饋鄉梓、關懷貧困的浪漫理想精情。

　　但要助人前，先問自己有無能力。己立才能立人，自助後住人才不會捉襟見肘。

　　成功有三，立功、立德、立言，成為受尊重和歡迎的講師，所言皆是助人、助學員成功是最大德行。以時間和觀念助人和影響人是立功之情操。

　　擔任講師，在博得趨勢之便，時機之利後，透過授課之機會，受欽佩之地位及高收入，便會隨之而至。

　　行善要有計畫，行善的方法很多種，古人說可分十類。

　　第一是助人為善。第二是愛敬存心。第三成人之美，第四勸人為善，第五救人危急，第六興建大利，第七捨財作福，第八護持正法，第九敬重尊長，第十愛惜物力。

　　行善不完全是用財力，用智慧和時間是一大奉獻。

　　財力的奉獻也要有度，別影響自己的本業。

　　盈餘的十分之一是可行的，符合基督教的十一奉獻也不至於讓財富受困。

　　高收入的人對高稅率甚是頭痛，但捐款額可以抵扣，可以降低稅率。

而且行善要人知，因為光明正大的行善，讓大家一齊快樂的為社會做貢獻。

藉由行善廣為人知，你的知名度將引來更多支持你的義人。

講師工作是有福之人，是有福報的人！

當福報比別人多時，為維護福報之長遠，應思考回饋和共享，你能快樂回饋社會，你的事業將會更擴大。

一個真正懂得感謝的人，是一個真正成功的人，你要感謝引導你進入講師這一條路的人，你更要感謝給你鼓勵、給你決心的人！決心是明志，是讓你的人生方向清楚、明白。

曾有一位年輕人有心做律師，寫信給林肯總統，希望林肯給他建議。

林肯回覆他的信說：「如果你已經下了決心想做律師，那麼，你已經成功了一大半了……請你永遠記住，在所有成功秘訣中，決心是最重要的條件！」

林肯深明這個道理，他一生都是如此執行的，他沒有上過一年以上的學校，但卻十分喜歡學習，尤其向名師請益。

他常常走二、三十英里之遠，去聽名人演講，回來後便嚴加揣摩一番，他常在田野中，把馬和樹木當對象演說，或向雜貨店的買主們演說，他加入春田市的學術辯論會，把每天的事件，作為練習演說的題目發揮。林肯如此做，因為是要把自己的口才練好，他要用口才去宣揚他的經國利民之道，他的一生，貫徹了這理念，他在歷史留了名！

影響力決定你的成果

　　為什麼一位當紅演員，主持某集團的尾牙，短短幾個鐘頭收入便有兩百萬？

　　為甚麼一位奧運排名的好手代言產品，拍一個廣告片酬勞就有千萬？

　　因為他們有影響力。他們一舉手一投足皆是焦點所在。

　　他們的現身、代言，使代言的商品或公司更亮麗，更受人矚目。

　　一個有影響力的明星，要具備五個「戰」：

　　第一、是戰功，以往他做了什麼豐功偉業，什麼戰役讓人稱道。

　　第二、是戰力，他有多少的實力，他的產出可有多少績效。

　　第三、是戰略，用什麼方法去經營品牌，開疆闢土。

　　第四、是戰德，有什麼動人的作品、經典、可傳世嗎？

　　第五、是戰氣，精神旺嗎？鬥志強嗎？能激勵大家勇往直前嗎？

　　講師之可貴處，是可以藉專業能力去感化人，他的影響力擴大時，對社會的貢獻就更大，當然他的財富和地位也就大。

　　如何擁有更大的影響力，從上述五戰去揣摩吧！

　　當然財富不可能憑空由天而降，需要盡早投入心力，不管是工作的表現，人脈的聚合，或用公益付出而創造形象，都需要有心、用心、專心！

　　創辦蘋果公司的賈伯斯，是一位善激勵別人的人。

一天，他要求工程師為尚在研發中的麥金塔電腦縮短開機時間，大家都認為極限了，無法再省時間。

　　但他說：「如果開機時間縮短 10 秒就可以救人一命，你肯做嗎！」

　　「假設全球有 500 萬人使用麥金塔電腦，一人縮短 10 秒，1 年就可以省下 3 億分鐘，換句話說，這 1 年省下的時間就相當於 100 多個人的一生。」

　　工程師受到這段話的鼓舞，數週後，成功地讓開機時間縮短了 28 秒。

　　一位講師是偉大的，因為透過對生命熱情的言語，去感動人、去啟發責任和愛心，他可以直接和間接幫助千千萬萬的人！

　　一位講師的影響力是難以形容的，以往一位知名講師巡迴演講，可以影響的即有千萬人，現在透過視頻的威力，一段影片立刻千萬人受益，而且穿透三洋五洲，各色人種、各個民族，及時的翻譯，影響力無止盡。

　　要思考的不是你擔任講師可獲得多少利益，是你如何創造你的威力。

　　你的經驗值、你的學識、你的口才、你的一投手一舉趾，能不能穿透人心、造成震撼、發揮有若五雷轟頂般的巨大力道。

　　不是每位講師都有這般力道，在於你的定位、你的投入、你的不停研究、調整和磨鍊。

合乎人性的事業

講師的本質是自我經營，像是經營一個企業，本身就是經營者。

這是一份和乎人性的事業。以人為本，為人謀需忠實，對學員以誠信，對專業要勇以學習。

二是可以創建自己龐大的事業版圖，現在社會講求學習，所有的企業、團體、社團、學校，都需要大量的講師來提升內部競爭力。

講師的需求無限大，除了自己經營外，如果有能力，還可以打造品牌採取品牌連鎖經營的商業模式。

成果可以從本身一己之力變成團隊發展的系統化持續收入。「要得到什麼就拿什麼來換！」

公平、公正、公開，這是講師業的好處。

三是可以協助民眾成功。因為你想成功，你努力去教育、去協助，在天時、地利、人和的良機下，講師的前景無限大。

四是講師讓國富民強。學習業興盛，民眾知識提升、國家有穩健雄厚的成長能力，讓國家實力增長，達到全民均富目的。

這是合乎人性的事業，任誰都相信發揮人的光明面才是經營事業的根本之道，松下的「實踐經營管理哲學」有講到：

1、經營者要樹立崇高人生觀，維繫萬物和諧生存的責任。

2、經營者要有正確的經營使命，愈大的企業，對社會責任愈大。

3、利潤是合理報酬，企業應以納稅為榮、回饋社會。

4、將社會視為正大光明，執行正派經營。

5、採取水庫經營方法，保持適當的存量，有備無患。

6、建立事業部經營制度，有效培養企業經營人才。

7、為國家社會培養人才，使企業生生不息，永續發展。

8、集思廣益、全員經營，發揮文殊菩薩的智慧。

9、要適應時代變化，要不斷創新，才能維持經營優勢。

10、經營者必需具備真誠的涵養、至誠如神，才能日理萬機。

能夠具備如此的高度，就可以擴大自己的生命高度。

這值得我們深思和參考，我們為何要擔任講師？我們要把講師事業發揮到何種程度？我們要建立何種典範？

每天講好話的事業

「沒有人能告訴你，林肯以前穿什麼、吃什麼、想什麼。但人們可以告訴你，林肯說過甚麼話。」

這是哲學家羅素所告訴我們話，這也提醒我們，每天用嘴巴講話，要能講對話的重要性。

沒有什麼行業像講師一般，可以積極熱情的宣揚理念，傳達愛、責任、使命與關懷。

而且要客觀且真誠，為了達成銷售，讚揚對方的成就，賞識對方的專長。

勸人以理、動之以情、訴之以法，是我們的重點。

講真理，講讓人動容的事實，講使對方覺悟的啟示道理。

這是不虛偽，不可偏差，真誠與熱情的事業。

「良言一句三冬暖」，以言語去慰藉受傷的人，以好言相勸遲遲不做決定的人。

你的觀念若是正信，你的念力會影對方，你的念波會讓對方的心受震盪，本來拒絕的想法被你的磁力所吸引。

你是個幸運的人，因為你天天從事的是「善」的工作，你是有福報的人，因為你在播執善的種子。

因為你有天天勸人為善的好機會，你已經擁有比別人多的上天助力。

珍惜所有、積極分享良好的理念與福田，因為我們希望別人可以得到幸福與真理。

藉由分享，我們也可以得到更多。

作一個提燈的人。當照亮別人的光明成功路時，你也會因此得到光明與成功。

你必需肯定言語是濟世良方，所以謹言慎行，時時存善念，講好話，講對人有益的話。你每天要怎麼講話：

1、**講正面正直的話。**

2、**講助人為善的話。**

3、**講激動人心的話。**

4、**講使人動容的實例。**

5、**講讓人受用的話。**

6、**講立即可用、可參考的話。**

7、**講上天要我們代為宣化的話。**

8、**講聖人賢者的話。**

9、**講對方聽得懂的話。**

10、**講對方可以接受的話。**

我們何其有幸，擔任講師工作，可以天天講真理、談好事，這不是一般人所擁有的福分。

每天做好事的事業

　　沒有甚麼行業像講師一樣，如果願意，每天都有好事可做。

　　勸人為善，提醒責任、給予關懷，普及先進知識、宣揚生活富足策略，不但日行多善，還推人及己，利他又利自我。

　　講師每天都有學習的機會，透過分享、溝通，線上及線下迅速有效地傳遞多方的訊息和理念。

　　專業書籍的實務性和深入性，值得反覆深思研讀。

　　網路和媒體的理財資訊及行銷觀念隨手可得，同事之間的交流，各式各樣的培訓，學習使得能力與內涵提升。

　　提升能力後，一步一步往更高層次提升，升上高層的最大價值是可以幫助更多的人、提攜新進，擴大服務社會的層面。

　　愈是願意助人、願意讓你幫助的人就愈多，你的影響力愈大，愈能將你的能力、知識、理念傳播出去，每個人都希望有好命運，好命是因為結好因果而來，心存善念、處處行善、日行多善，成果因為你的描繪、你的期望而產生。

　　你也可以連結各種顧問和專家，如會計師、律師、信託師、銀行家、心理專家及各行各業的成功人士一起來擔任講師的功能，再深入的提升民眾的需要。

藉由講師事業的槓桿成果，讓學員以小小的代價，物超所值，這是你在做好事的機會。

　　因為你一直在行善，你可以積德、積福也積財，甚至財力累積之後，更可以分享弱勢群族，你的德行更高，你的福報會更大，你會物超所值，你的善財也會更多。

　　做好事既然是積德，積德有甚麼重點。

　　1、提升自己的靈性―要具備孜孜不倦學習力

　　2、提升別人的靈性―要鍛鍊夥伴的毅志力量

　　3、經營自己的幸福―要豐富自己生命的內涵

　　4、經營別人的幸福―要有讓別人幸福的義務

　　你有沒有覺得很幸福，我們每天都在做行善、積德、累積福報的好事，你的德行在累積中、增加中！

　　講師事業是非常難能可貴的功德事業！

每天交好朋友的事業

　　因為視野變寬了，你所交往的不再只是小格局裡的友人，你所論道、說法、談觀念、言策略的對象，可以是一般營銷人員、團隊領導、企業主管、甚至大企業高管、上市公司老闆。

　　你以觀念分享、以知識交流互蒙其利、你將你的高端研究成果奉獻，只要有價值，可參考性，在分享後，各行各業的頂尖好手都會是你的好友。

　　你可以將之連結、資源共用，彼此會感激和回饋。

　　甚至加入社團，因為資源變多了，各蒙其利，整合各界資源，人際關係會更好，善的循環會引來更多朋友的關注，人際關係就此更為拓展。

　　因為利益不衝突，大家各有一片天，大家可以互相支援，互相幫忙，還可以跨地區交流、緣故介紹，充實彼此的戰力。

　　因為現在已經進入「元宇宙」時代。

　　元宇宙是破除了各平台空間的限制，人們可以戴上裝置，以數位物件及身分進入雲端世界與人交流，再轉身走進原先各自為政的社群平台，空間如今都將模糊界線，人們得以自由地在不同空間穿梭，這整合並打造出來的世界，就是前景備受看好的元宇宙。

　　其實現在的我們，人脈、平台、通路、靈巧的商品、有效的培訓，

就正如我們用各種載具，多了空間，少了距離，當然創造高收入和高價值。

財務健全，生活無後顧之憂後，想助人的可以多助人，想有成就的可以有大成就，想發展抱負的發展抱負，想學習的來學、想交友的來交友。

要事業成功需有好友相助，要別人助你之前先付出真心。

「忘己利他」、「觀功念恩」，以別人利益為先，成就他人功業為念，時時感恩、報恩，你無私無我時，不但人人助你，老天也會相挺。

擔任講師是個天天可以交好友的志業，勿忘初衷，你會得到好成果的。

我們的成功，有賴於協助他人有所成就。而有幸的是，講師天天都可以交好友、利他、成就他人。

你播種感謝、信仰與希望的種子，你的發心是為了你的學員，你對國家、社會，保持感謝、感恩、回報之心，你對所有有緣眾生都存著感謝之情，喜悅的火苗就會滋生，各種好運就會接踵而來。

戴爾卡內基曾說過，對別人關心的人，在兩個月內所交到的朋友，比那些要求別人關懷自己的人，在兩年中交到的朋友還會更多。

你要有很多的好友，先從關懷別人開始。

關懷就是服務，講師是各行各業需要的成長品，講師是備受重視的群族。

每天行佈施的事業

能佈施的人代表行有餘力，是高所得的人，是成功者。

當在需要支助的機會來到眼前時，如果你無法布施，你說你的負擔重，你的財力不行，你就真是個貧困之人。

布施並非單純用金錢來分享。

布施一般而言有三個重點：

一是「**財佈施**」，從事講師工作可以高收入，可以有版稅系統收入。我們只要在收入的一小部分作善事，如十一奉獻，所得撥一小部份助貧，這也可以用捐助款降低自己的所得稅稅率。

有捨更有得，為善不怕人知，我們希望拋磚引玉，為的是啟動更多人行善，改變社會風氣。

二是「**法佈施**」，傳述理財理念、傳達愛心、感恩、責任、回饋，每天談進化、談知識、談學習、談成功的方法、談幸福之道，用語言感化人，這些都是法布施。

三是「**無畏施**」，行動積極、熱誠可感，學員的困難挺身而出，學員的困惑積極去協助，甚至陪同成長、協助立業，達到己立立人。

人在一生中所累積再多的財物、名位、榮譽都不具意義，最重要的是你的靈性是否提升，是否對大地蒼生產生實質貢獻。

行佈施是將自己放下，謙卑且更積極的奉獻，運用特性助人，使影響性更大更廣，這是講師工作者幸運之處。

除此外，**還有「無財七施」，七種不需要財力的布施。**

「**眼施**」讚美的雙眸鼓舞盡心盡力者，鼓勵的眼神向失意者打氣，關愛的眼神與無助者融合。

「**和言悅色施**」不急不躁，和藹可親，對人要有耐性教導，以笑容開啟他人的智慧。

「**言辭施**」言語教化最可收明白事理之效。「良言一句三冬暖，惡語傷人六月寒」正是此意。

「**身施**」言教不如身教，以身作則比千言萬語更有效。

「**心施**」常抱體諒、關心的情，常為別人著想。

「**床坐施**」不以他人位卑或歲低而輕視，尊重所有人。

「**房舍施**」提供房舍讓友朋共聚或同修，增加情誼及強化團隊向心力。

每天講師可以有作這麼多好事的機會，我們是幸福之人。

可以為興趣而做

　　如果工作有壓力，市場空間窄小，競爭過大，便利度不高，收益不多，沒有長期願景及理念，如此工作怎會做得愉快。

　　事業要結合志業與興趣，因為有志業的理念，可以滿抱熱忱，一心於服務人群、貢獻社會為念，而且還可以增加可以隨心所欲的財富。

　　如果只是為錢而工作，缺乏了人生價值，少了理想熱情，在別人眼中不過是暴發戶，得不到別人尊重，這也是灰暗的生命而已。

　　如果是拿薪水的工作，面對老板的指責、獲利的要求、市場佔有率問題，但景氣影響、商品流行的更替，再再累積壓力，加上同事的相處問題、晉升的競爭，早上起床大概都全身乏力吧！

　　選擇對自己有興趣的講師事業，可以給自己光、給自己熱、給自己獨特的開創力，讓自己決定要達到多成功，有多少獲利，回饋多少弱勢團體，這才是真正有價值的生命。

　　迪士尼的核心價值感是「**用我們的想像力帶千百萬人快樂**」，這個令人動容的目的，不但讓迪士尼已延續百年不墜，而且變成美好天堂的象徵，成為全世界兒童的夢想世界。

　　講師是能一展所長之寬廣世界，若能加上明確的價值感，並溶入不易懈怠的熱情，發展更難以想像。

海倫‧凱勒說；幸福不是讓自己快樂而已，而是出於一項有價值的目標。

我們可以為興趣而做，不是為壓力而做。

我們是為自己的事業做，而不是為老闆的指令而做。

我們是為美好的理想而做，不是只為收入而做。

我們因為快樂而做，不是為辛酸悲情而做。

我們可以為創造歷史而做，而不希望成為歷史的過客。

我們希望留下社會影響力，而不是沒沒無聞，不知所云。

如果你有興趣要成為優秀的演說家，須具備以下四要件：

1、成為著名講師的強烈欲望。

2、在每一場上台前充分準備。

3、信心篤定只有成功的發揮。

4、不斷練習不停的打氣充電。

你的善念決定生命的勝負

精、氣、神決定在你擔任講師的成果大小。

精是專注心無旁騖，將所有的心力放在演說上。

氣是氣勢，是一股沛然難擋的氣勢，格局大、勇氣足、肯奉獻，看氣力誰最長，比比誰的動力最強，不放棄、全力以赴，氣長才能吸引人氣，有氣無力的人只能作一天算一天，無法形成旺盛事業的磁場吸引力。

神是神韻，是讓人跟隨的質感，遊戲人間、遊刃有餘，有無窮的魅力處理千折百轉的阻礙，能找出達到成功的最佳途徑。

神是先者，先知者是萬能者。

具備先驅、先知、萬能，是需千錘百煉的修為及學習，是有巨大神力的講師。

這是一個寬廣的世界，就看講師能否看由作出宏偉的佈局，用最佳魅力讓跟隨者快速成功。

再用最富朝氣的精神打造活力的演出，凝聚最強的實力、激發最有效的戰鬥力。

照照鏡子，聽聽自己上課的音頻，檢討你有沒有吸引別人的魅力，你創造了什麼讓人懷念的事？你的氣勢是不是夠強夠迷人？

講師要有磅　的推動力，會告訴同仁在未來會有多大的陣容，多盛

的戰功。

描繪的願景會使聽眾動容，會讓聽眾因為你的激勵齊力奔馳，這就是強者恆強，弱者恆弱的道理了。

1970 年，世界宗教者和平會議在京都舉行第一次大會時，主席 D.M 格里里博士做了一場會議主題演講，事隔多年了，其中一個故事，至今還讓人們記憶深刻，常被傳頌。

從前有一個人，旅行希臘，欲訪眾神之所居的奧林柏斯山，問當地人怎麼走。

當地人思考片刻，慢條斯理地回答他說：「從這兒到奧林柏斯山，路途很遠。你想去的話，只能朝著那一個方向一步步地走過去。除此之外，不可能有別的辦法！」

我們每天的生活裏，總會發生許多種事。只看眼前，就會左偏右倚，不能走得直，甚且弄錯方向。堅持遠高的理想，就不會迷失方向，而能夠直進。步伐充滿信心時，就會一步再一步地，踏得更加穩重、有力。

講師是創造影響力的重要人士。

夢想與理念

能成為一位受尊敬和追隨的講師，他的理念和信念是要清楚並且嚴肅的。

建立讓學員追隨，最重要是他的理念讓學員相信。

對許多宗教及政治組織而言，「相信」是入會的先決條件。

大家都在尋找擁有信念並捍衛信念的人。因為擁有信念的人充滿了強烈信念所發出的震波。他們往往能創造出奇蹟，也就是我們常說的不可思議之事。

信念具有點石成金的力量！一位家庭主婦被宣告罹患癌症，只能再活半年，心理學家徵求他先生的同意，做了一個試驗。

他們告訴她，因為醫生的誤診，其實她的病並沒有那麼的嚴重。

第二，新藥發明了，只要按時服用的話，她的病就會痊癒。

當她連續吃了兩個星期的藥，再去做檢查時，奇蹟發生了，醫生們嚇了一大跳，因為他的癌細胞消失了，事實上治好她的病，根本不是那些藥，那些要是假的，治療好的是她心內的那個神奇的自然力量。

還有一位婦女，在半夜她居住的樓上發生火災，她居然把放著珠寶地契的保險箱，從四樓扛了下來，平時你要她挪動一下，她根本做不到，一個人能夠發揮這麼神奇的驚人力量，這力量就是潛能。

你會有這些力量的，但是要有 4 個條件。

1、要清楚的擁有自己的目標。

2、隨時都牢牢記住這些目標。

3、相信自己可以實現這些目標。

4、面對目標，具體的展開行動雪地旅行者

將潛意識化為實際行動，最有效的方法就是描繪出心靈藍圖。

就是應用想像力，將你渴望出現在真實生活中的事物，完整描繪出來。

透過信念與他奇特的力量，可以讓無法解釋的奇蹟出現，讓其妙的意象產生。

信念是一股深植於內心的意念，是一種正面、積極，深入全身每個組織細胞的堅定信念。

這股力量能夠促成一切卓越的成就，啟動吸引力法則。能改變心靈速度和思考頻率，並且像一塊大磁鐵一樣，牽引潛意識開始運作，進而改變你的氣場，影響你周遭的一切。

能替你的生活帶來驚人的結果，而且常常是你做夢也想不到的，講師的工作，就是時時要激勵人心，撼動沉睡的心靈。一個站在台上的講師，他的形象會放大，影響力也擴大，造就的成果也難以估計。

助人利己

在一條白雪覆蓋的山路上，有兩個旅行家艱困跋涉前行，暴風雪裡刺骨的寒氣不斷的襲擊他們。半路上，他們看到有個老人倒臥在雪地中。如果置之不理，老人一定會被凍死的，於是甲對乙說：「我們幫幫忙，帶他一起走吧！」

不料乙很氣憤的說：「這種惡劣的氣候，還能顧得了誰啊！」說著便獨自離去了。

甲只好背著老人繼續前行。不知過了多久，他全身被汗水浸溼，這股熱氣竟然溫暖了老人凍僵的身體，慢慢恢復了知覺；兩人用彼此的體溫互相取暖，忘卻了寒冷的天氣。

「得救了！老爺爺，我們終於到了！」甲指著遠方的村莊，向背上的老人說。

但當他們來到村莊路口，卻看到有個男人僵硬的倒臥在雪地上，再仔細觀看屍首，簡直嚇一大跳，這個凍死在距離村子咫尺之遙的男子，居然就是當初為了自己活命，而先行離開的夥伴。

一個是為了幫助別人，卻反而幫助了自己，另一個是因為放棄別人，以致於放棄了自己。真心關愛別人越多，也會得到更多的真愛；我們若懂得先為別人著想，將會經歷到意想不到的收穫！

講師們一言可興邦，可提醒觀念，助人於有形、無形之間。

讓頻臨崩潰的企業重生，幫助了企業、員工、消費者。

讓一個失志者、平凡人變成傑出者，講師的責任重大，不可小觀。

但你也可能說，你並不是一個好講師的料子，真的嗎？

法國著名心理學家易卜生說：「如果你一定要成為一個大演說家，就可以成為一個人演說家，不過你必須把全部精神和興趣傾注上去。」

我觀察過很多著名的講師，發現其中的成功者，很少具有特異的天賦，大多是一些普通的人。

因為凡有小聰明者，常先不能堅持磨鍊，或者太醉心於賺錢，他們的成就因而不大，倒是普通人，肯下苦功練，反而成績得特別優異。

各行各業，到處都有很多這種例子，石油大王洛克斐他曾經說：「成就事業的第一要素－－堅忍。」學習演說而希望成功，也非「堅忍」不可！

講師是昨天和明天的橋樑

舊思維中，講師是傳道授業解惑。

但現在的新思維裡面，講師是財務顧問、是目標導向、是理性提供需要、解決問題、創造效益的人。

在激烈競爭與變革迅速的年代中，我認為每個講師要有觀念：

I Care 我在乎學員的權益，我會盡力的以專業去協助需要協助的人。

I Can 我能做到客觀、正直、誠信，我能為學員找到最佳觀念，我的價值感使人們得到最大受惠。

I Change 我改變了不可能的現象，讓學員因我的努力使可能的災難得到防備，提高了民眾的福祉。

站在昨日與明日之間，講師是一條橋樑，聯絡了多方的鴻溝，創造了多贏的理性機會。

因為時代的進步，講師可以成為創造時代的英雄。

如果你是懦者，你自己是你最大的敵人。

如果你是勇者，你自己是你最佳的友人。

我們要盡到我們是學員最好的橋樑，創造需要、創造幸福。

法國哲學家「德日進(Pierre Telhard de Chardin)」曾說：「**我們不是具有一個靈性體驗的人類，我們是具有一個人類經驗的靈性生命。**」

我們平日花了大多時間在零碎的事情，都是那些生命將到終點的人看起來沒有價值的事。

　　我們真正應該在乎的是，在有限的生命中，我們打算如何演出生命這齣戲、我們想要它成為什麼模樣。

　　我們不是為滿足別人的期待而活，我們是為自己人生的「獨特」而努力前進的。

　　歌德說：「凡是自強不息者，最終都會成功。」

　　托爾斯泰也說：「勇氣是智慧和一定程度教養的必然結果。」

　　請創造與眾不同的一生吧！

掌握講師品牌價值

在財富第五波這本暢銷書中，作者保羅‧皮爾澤指出「今天多數商品的品牌維護費用，約占成本的七至八成。」

可口可樂、沃瑪、亞瑪遜、阿里、小米、京東，都是因為品牌受到肯定而創造最大利基的公司。

誰擁有品牌通路，誰就是贏家。

人們相信品牌，會主動向「品牌」靠攏，這尤其是講師更是明顯。

人要衣裝，佛要金裝，講師們更要有好的品牌形象作為門面。

在現代人的眼中，品牌已經不僅僅只是商品上的商標或文字，而是一種價值感的認同。在趨勢下，把自己的專業和形象建立便成了講師界的顯學。策略有哪些？該怎麼做好本身的品牌維護？

很多人常認為「只要我做好該做的事，品牌自然就會跟著建立」，這其實正是許多講師在品牌行銷失敗的主因。品牌代表的不僅僅只是符號或商品，而是在消費者心中建立起的感知與感受。

講師不可以講一套做一套，要台上台下形象如一，2021年的李雲迪、王力宏一夕之間，因為品行問題形象崩壞，數十年建立的品牌轟然倒塌，數十億的品牌價值一夕之間付之流水，這是無法控制自己私下行為的悲劇。

有一個著名的學會對數百名商界人士，作了一次問卷調查。其中一個結論：「對於一名講師的重要性，人品更甚於智能。」

　　這你在是個值得注意的發現。無論是商界人士也好、教育家也好、其他專家也好，尤其是演說家，這是一個意義深遠的結論。

　　著名的作家哈巴德這樣說過：「一場好的演說之所以博取聽眾的心，除去其演說內容不說，在於演說者個性所散發品德魅力。」

　　但「人品」是個十分含糊、抽象的概念，就像去分析玫瑰花的香味一樣，沒有一個具體形象可言。但感受是可以感覺得到的，感覺無法騙人。

　　「人品」是一種內心的感受，一個好的講師品牌應該是透過公眾演說時，將理念和生命的價值感傳遞給學員，並在私下言行合一，當學員對於講師產生認同感與尊重感，這才是講師存在的價值。

　　所以講師要時時把自己的存在作提升，學術和理念與時俱進，甚至可以常常參加公益慈善的演出以及代言，如此，講師的受認同才更重要。

四、卓越講師要背下來的金玉良言

為何要金玉良言

　　一位受歡迎的講師，除了講得清楚、說得有理、條理分明、內容詳實之外，還要讓聽眾有時時驚豔的突來之舉，一句震驚心靈的話、一首千年傳承的詩句、先知聖賢的名言、一篇啟示的寓言、一段歷史流傳的明文，你要能信手捻來，你平時要蒐集、要背下來，或者用 PPT 敘述、或者帶小抄、或者乾脆帶著書本上台。

　　如果你在演講中突然背誦這麼一段，在午餐後的睡意朦朧時，這會給大家提神。

　　最好你還呼籲大家抄起來，動耳、動眼還動手，效果會十足：

　　人生要結交兩種人。良師；益友。

　　練就兩項本領。做事讓人感動；說話讓人喜歡。

　　能吃得下兩樣東西。吃苦；吃虧。

　　自覺培養兩種習慣。看好書；聽演講。

　　爭取兩個極致，把潛能發揮到最大；把生命延續到極致。

　　或者隨口講出幾個段子，大家會喜歡的。

　　有一篇《我是一名驕傲的行銷員》作者是誰已經不可考。

　　但短短的兩百字，你如果可以背誦出來，大家立刻對你佩服的五體投地。

我是一名驕傲的營銷員。

因為有我和數以百萬計從事相同工作的人共同創造了這個國家。

因為即使廠商的產品再好，如果沒有我們營銷人員辛勤地到處推銷。

產品只能坐以待斃。

愛迪生發明了電燈，不過卻說服不了固執的人們正眼一瞧。

當第一部縫級機問世時，波士頓的民眾不但不領情，還將它砸個粉碎。

火車也被當成怪獸咀咒。

因為人民相信只要搭上半個小時，人們的血液就會停止。

發明電報的摩斯也無法說服議會相信電波的存在。

這些一切一切都是靠辛勤的營銷人員憑其三寸不爛之舌到處推廣。

否則我們便不可能享受到駕駛汽車、使用電話、觀看電視等現代文明的便利。

總之，營銷事業是國家經濟發展的原動力。

國家之所以能成為世界超級大國，就是有著無數默默努力的營銷員。

講師就是要用心地去記住這些名句、名言，你若善加利用，你會令人難忘。

115

名句篇

　　名句就是不必長，一聽立即震人心弦。

　　以下的文句，要當講師者，可以大量引用。

1、改變，你會創造歷史；不改變，你會成為歷史。

2、21 世紀不再是大吃小，而是快贏慢。

3、你的過去我來不及參與，你的未來我一定要擁有。

4、沒目標的人，要為有目標的人工作。

5、我們最可怕的敵人不在懷才不遇，而在我們的躊躇。

6、認為自己是不可能的人，於是便成為那樣的人。

7、一個人獲取財富的難易程度，決定了他使用財富的速度。

8、能以他人的快樂為自己的快樂，是最滿足、最富有的人生。

9、一個人的價值，不在賺錢的能力是否高明，而是看他是否懂得理財。

10、談營銷，要有豐富的經驗值、要接地氣，光說理論是無濟於事。

11、準時就已經遲到，何況遲到。

12、做你沒做過的事情叫成長，成功往往靠勉強而來。

13、做你不敢做的事情叫突破，做你不願意做的事情叫改變。

14、如果你向神求助，說明你相信神的能力；

15、如果神沒有幫助你，說明神相信你的能力。

16、贏家是在最悲觀的時代，找到新的定位，重新洗牌！

17、沒有失敗，只是暫時還沒成功。

17、時間是治療心靈創傷的大師，但絕不是解決問題的高手。

19、如果你抱持的是利他的心態，你要的成果，終究會回到你的身邊！

18、量大就是美，營銷是或然率，數量大，成交率就高。

19、如果不讀書，行萬里路也不過是個郵差。

22、如果成交量不高，是因為接觸率不夠高！

23、昨夜山盟海誓，一早不好意思。

24、仗劍需交天下士，黃金多買百城書。

25、年齡的增長，並不是失去了一些朋友，而是懂得誰才是真正的朋友。

26、你有堅定的信念，你知道為何而戰，你在經營你有意義的人生！

27、客戶能不能成交，關鍵在於你的專業知識、態度、講話的方式

28、你所展現出來的是否真心、真意、真情，你有沒有持續成長！

29、你不理財，財不理你。

30、人生沒有後悔的權力，不想後悔，從當下開始！

31、有心栽花花不發，無心插柳柳成蔭。

32、別為產品找客戶，要為客戶找商品。

33、有大夢作大事，有小夢作小事，無夢成不了事。

重要詩句

　　你不一定是詩人，但能夠在演講中抖出幾句詩文，大家立馬對你欽佩的有如長江黃河，滔滔不絕。

1、曾經滄海難為水，除卻巫山不是雲。元稹

2、採得百花成蜜後，為誰辛苦為誰甜。羅隱

3、近水樓臺先得月，向陽花木易為春。俞文豹

4、出師未捷身先死，長使英雄淚滿襟。杜甫

5、還君明珠雙淚垂，恨不相逢未嫁時。張籍

6、春宵一刻值千金，花有清香月有陰。蘇軾

7、問世間情是何物？直教生死相許。元好問

8、多情自古空餘恨，好夢由來最易醒。魏子安

9、江山代有才人出，各領風騷數百年。趙翼

10、疾風知勁草，板蕩識誠臣。李世民

11、落紅不是無情物，化作春泥更護花。龔自珍

12、人無千日好，花無百日紅。楊文奎

13、行到水窮處，坐看雲起時。偶然值林叟，談笑無還期。王維

14、色不迷人人自迷，情人眼裡出西施。黃增

15、不經一番寒徹骨，那得梅花撲鼻香。黃檗禪師

16、侯門一入深如海，從此蕭郎是路人。崔郊

17、風得意馬蹄疾，一日看盡長安花。孟郊

18、兩岸猿聲啼不住，輕舟已過萬重山。李白

19、問君能有幾多愁，恰似一江春水向東流。李煜

20、只在此山中，雲深不知處。賈島

21、千呼萬喚始出來，猶抱琵琶半遮面。白居易

22、衣帶漸寬終不悔，為伊消得人憔悴。柳永

23、抽刀斷水水更流，舉杯消愁愁更愁。李白

24、舉杯邀明月，對影成三人。李白

25、白髮三千丈，緣愁似個長。李白

26、千山鳥飛絕，萬徑人蹤滅。柳宗元

27、後宮佳麗三千人，三千寵愛在一身。白居易

28、天長地久有時盡，此恨綿綿無絕期。白居易

29、身無彩鳳雙飛翼，心有靈犀一點通。李商隱

30、山窮水復疑無路，柳暗花明又一村。陸游

31、寫盡八缸水，硯染澇池黑；博取百家長，始得龍鳳飛。柳公權

32、盛年不再來，一日難再晨，及時當勉勵，歲月不待人。陶淵明

名人的話

　　舉名人的話，證明你和名人的觀點是一致的，是權威可信的。

1、唯有那些異想天開的人，才能完成不可能的事。**愛因斯坦**

2、弱者等待時機，強者製造時機。**居禮夫人**

3、你若對自己誠實，日積月累，就無法對別人不忠了。**莎士比亞**

4、幸運是機會的影子。**蘇格拉底**

5、卓越之人最大的優點是：在不利與艱難的遭遇裡百折不饒。貝多芬

6、愛旅行，不是為了抵達目的地，而是為了享受旅途中的種種樂趣。**歌
　　德**

7、人類學會走路，也得學會摔跤，而且只有經過摔跤他才能學會走路。
　　馬克思

8、走得最慢的人，只要他不喪失目標，也比漫無目的地徘徊的人走得快。
　　萊辛

9、不要怕一個人練習一萬種踢腿，而要怕他練習同一種踢腿一萬次。**李
　　小龍**

10、信心是命運的主宰。**海倫凱勒**

11、我承認自己的結論有九十九次是錯誤的。**愛因斯坦**

12、每個人都是自己的命運建築師。**沙拉斯特**

13、生活是鍛鍊靈魂的妙方。**勃朗寧**

14、怎樣思想，就有怎樣的生活。**愛默生**

15、友誼能增進快樂，減少痛苦。**愛迪生**

16、面對光明，陰影就在我們身後。**海倫凱勒**

17、成功可招引朋友，挫敗可知道誰是朋友。**西拿斯**

18、錢，給你帶來食物，但不給你帶來食慾。**易普生**

19、人生沒有白走的路，即使不喜歡，只要好好走，也不會白費。**洪蘭**

20、你不能和一個握緊的拳頭握手。**甘地**

21、生命是一頓豐富的宴席，有人卻寧可挨餓。**巴卡力士**

22、人生的價值以及快樂，都在於他有能力看重自己的生存。**歌德**

23、如果你認為輸贏是最重要的事，那你已經輸了。**歐康諾**

24、莫不有始，鮮克有終。**李光耀**

25、別浪費每一次的危機。**邱吉爾**

26、我對自己的信心，已超越別人對我的評價。**茱利亞**

27、你要保守你的心，勝過保守一切，因為一生的果效是由心發出。**聖經**

28、我只知道，假如我去愛人生，那人生一定也會回愛我。**魯賓斯坦**

29、布施不一定要有錢，但一定要有心。**靜思語**

30、勿道人之短，莫說己之長。**朱子家訓**

31、過去的事早已消失，未來的事更渺不可知，只有現在是真實的。**培根**

32、美麗的事物是永恆的快樂，它的可愛日有增加，不會消逝而去。**莎士比亞**

33、只有尋常才幹，但具有不尋常恆心的人，一切皆可獲取。**巴克斯頓**

聖經篇

聖經裡的經文，可以當頭棒喝，可以琅琅上口，很值得講師即席發揮。

1、愛是恆久忍耐，又有恩慈；愛是不嫉妒，愛是不自誇，不張狂

2、你要保守你的心，勝過保守一切，因為一生的果效是由心發出。

3、不要為明天憂慮，因為明天自有明天的憂慮，一天的難處一天當就夠了。

4、你們祈求，就給你們。尋找，就尋見。叩門，就給你們開門。

5、藐視鄰舍的，毫無智慧，明哲人卻靜默不言。

6、無論何事，你們願意人怎樣待你們，你們也要怎樣待人。

7、你們饒恕人的過犯，你們的天父也必饒恕你們的過犯；

8、生氣卻不要犯罪，不可含怒到日落，也不可給魔鬼留地步。

9、在最小的事上忠心，在大事上必忠心；在最小的事上不義，大事上也不義。

10、你務要至死忠心，我就賜給你那生命的冠冕。

11、柔和的舌頭能折斷骨頭 。

12、多言多語難免有過：禁止嘴唇是有智慧。

13、你當剛強壯膽。不要懼怕，也不要驚惶。

14、我曾尋求耶和華，他就應允我，救我脫離了一切的恐懼。

15、藐視鄰舍的，毫無智慧，明哲人卻靜默不言。

16、無論何事，你們願意人怎樣待你們，你們也要怎樣待人。

17、你們饒恕人的過犯，你們的天父也必饒恕你們的過犯；

18、你們當以基督耶穌的心為心。

19、生氣卻不要犯罪，不可含怒到日落，也不可給魔鬼留地步。

20、一句話說得合意，就如金蘋果在銀網子裡。

21、你們要愛惜光陰，用智慧與外人交往。

22、喜樂的心，乃是良藥；憂傷的靈，使骨枯乾。

23、少年人用什麼潔淨他的行為呢？是要遵行禰的話。

24、你已將生命的道路指示我，必叫我因見你的面，得著滿足的快樂。

25、我留下平安給你們，我將我的平安賜給你們。

26、堅心倚賴我的，我必保守他十分平安。

佛經篇

　　佛經和聖經都是祈人向上，安定身心之文句。

　　引用效果甚好，但要避免勿太操切，免得有些學員不以為然。

1、諸惡莫作，眾善奉行，自淨其意，是諸佛教。《法句經》

2、凡所有相，皆是虛妄。若見諸相非相，即見如來。《金剛經》

3、一切有為法，如夢幻泡影，如露亦如電，應作如是觀。《金剛經》

4、知幻即離，不假方便；離幻即覺，亦無漸次。《圓覺經》

5、世間無常，國土危脆，四大苦空，五陰無我。《佛說八大人覺經》

6、我觀是南閻浮提眾生，舉心動念無不是罪。《地藏菩薩本願經》

7、若人慾了知，三世一切佛。應觀法界性，一切唯心造。《華嚴經》

8、睹人施道，助之歡喜，得福甚大。《佛說四十二章經》

9、覺了一切法，猶如夢幻響。《佛說無量壽經》

10、心有所住，即為非住。應無所住而生其心。《金剛般若波羅密多經》

11、諸行無常，一切皆苦。諸法無我，寂滅為樂。《佛為海龍王說法印經》

12、菩提本無樹，明鏡亦非台。本來無疑物，何處染塵埃。《六祖慧能》

13、七佛通誡偈：諸惡莫作，眾善奉行，自淨其意，是諸佛教。

14、釋迦牟尼佛偈：法本法無法，無法法亦法。今付無法時，法法何曾法。

15、是日已過，命亦隨減。如少水魚，斯有何樂。《法句經》

16、諸餘罪中，殺業最重；諸功德中，放生第一。《大智度論》

17、行惡得惡，如種苦種，惡自受罪，善自受福。《法句經》

18、觀身不淨、觀受是苦、觀心無常、觀法無我。《文殊師利問法經》

19、過去心不可得現在心不可得未來心不可得。《金剛經》

20、設於無數劫，財寶施於佛，不知佛實相，此亦不名施。《大方廣佛華嚴經》

21、不為自己求安樂，但願眾生得離苦。《大方廣佛華嚴經》

22、心如工畫師，能畫諸世間。五蘊悉從生，無法而不造。《大方廣佛華嚴經》

23、若人知心行，普造諸世間。是人則見佛，了佛真實性。《大方廣佛華嚴經》

24、夢裡明明有六趣，覺後空空無大千。《永嘉大師》

25、舍利子，色不異空，空不異色；色即是空，空即是色《心經》

26、施主一粒米，重如須彌山，今生不了道，披毛戴角還。《永明延壽禪師》

27、心生種種法生，心滅種種法滅。《楞嚴經》

28、凍死不攀緣，餓死不化緣，窮死不求緣。《宣化上人》

29、我自無心於萬物，何妨萬物常圍繞。《黔靈赤松禪師》

30、溪聲便是廣長舌，山色豈非清淨身。《蘇東坡》

31、欲知前世因，今生受者是；欲知來世果，今生作者是。《三世因果經》

32、禍福無門，惟人自召；善惡之報，如影隨形。《太上感應篇》

第二部曲

培育團隊英才好講師

—— 吳燕芳主筆 ——

成大財富管理顧問有限公司 執行長

台大保險經紀人 非凡事業團隊 營運長

FChFP 國際特許財務規劃師

美國百萬圓桌 MDRT & COT 會員

國際龍獎 IDA 傑出業務銅龍獎、國際龍獎 IDA 優秀主管銅龍獎

APFinSA 亞太傑出保險菁英獎、APFinSA 亞太傑出保險領導獎

中國 CNF 保險之星

台北市社區大學、財經電視台、理財周刊特約講師，授課場次超過 1500 場。

好講師需要的生命宗旨

新世代演講力

「師者，所以傳道、授業、解惑也。」

過去專業講師的定義，是指透過個人對某領域的專業能力，以公眾演說的方式傳授或解惑，以取得相對價值的酬勞。然而新網路時代興起，新式企業已與網路生態密不可分。這二年的新冠肺炎的疫情加速了視訊授課的推進，所有舊式思維已然不適合現今的疫情困境，今日所有的企業要在網路世界中被看見，勢必需要有一群由內至外的優質傳授講師，以各種不同的形式將企業精神及品牌價值甚至商品知識，以倍增的效能鏈接至分佈在不同國家或城市的企業組織，再透過網絡的營銷戰略連結目標市場，以期建立品牌形象及銷售動能。成功轉型的公司，網軍甚至已取代了傳統陸軍的業務功能。

事實上實體面對面群聚式一對多的演說已非絕對優勢，虛實之間相互連動的演說、無遠弗屆繁星式的直播、預錄影片聯播授課，甚至未來元宇宙虛擬實境式演說等，都是這個新世紀裡是否能讓企業繼續基業長青的關鍵能力，此關鍵力我稱之為「新世代演講力」。

身為企業各階層的高階領導者，在企業或團隊發展的計劃中，必須加入這個新世代演講力的培育養成計畫，因為企業各面向演講力的養成，絕非一蹴即就，所以建議即早謀劃運作，以確保在企業逐步發展的過程中，隨時能提槍上陣及調度運用。

企業及組織講師的角色定位

　　企業組織團隊，需要具有一定演說能力的角色可能有「企業品牌代言人」、「公共關係發言人」、「企業公共演說講師」、「專業領域培訓師」，先讓我們區分一下這些角色功能上的差異：

「企業品牌代言人」

　　傳統品牌代言人一般是由企業出資，選定匹配品牌定位市場的明星代言主力商品，而龐大的簽約金也是品牌經營中非常大的支出成本，代言費可能抬高商品無形價值，但也同時墊高了商品價格。但是名人或明星在代言後個人的人設及私德，往往也相對影響品牌的形象及銷售績效，其中存在著一定的連帶風險，當風險過於集中是較難分散或轉嫁的，過去已經有很多代言人的個人狀況被爆料，導致代言商品被抵制而使銷售量暴跌的案例，所以品牌代言人也會隨時隨勢替換。

　　我認為新世代企業對於企業品牌的經營，比商品本身更具有長遠威力與競爭性，品牌故事及精神絕對不是任何明星或網紅代言商品所能賦予的，這就像是賈伯斯之於蘋果公司、馬雲之於阿里巴巴、馬克斯之於特斯拉和馬克之於臉書。

　　過去企業主在企業內部運籌帷幄潛心經營，很少公眾演說或親自上陣代言新商品發表會，現在所有網路媒體可以達到極快速的廣告宣傳效

益，甚至可以永久被記錄典藏。所以企業主本身的演講力，不僅是在創業初期的募資遊說發揮上，更要在企業的成長壯大及變革創新的過程中扮演重要的代言角色。

如若企業主做為品牌代言人具有相對優勢的公眾演說魅力，絕對是對企業有非常正向而長遠的影響，還可以節省不斷更替的名人或明星代言人所花資的包裝及宣傳預算，我認為這是許多產業企業主可以刻意操練的能力。如果企業主因為自己不愛出鏡曝光或自覺口才不好時，亦可以選擇由公司其他重要股東或高階主管扮演這個企業發言人的角色，所以我認為各部門高階主管也要對演講力刻意培養之。

「公共關係發言人」

公共關係專業的任務是提升該受聘公司的品牌形象及公眾認同度，現今許多公司在沒有任何公關策略準備的情況下，突然面對被公安檢舉爆出醜聞等緊急狀況，這些品牌危機絕對不能輕忽！反而需要嚴正以待謹慎處理，善用公共關係的工具向外對話以化險為夷。

現代許多企業已認知到網路風管的重要性，公關部門是企業向外界對話的重要部門，最好的公關不是企業掩醜揚美的化妝師，而是幫助企業以公眾的角度看得更遠，將公眾需求回饋給企業經營層，亦作為企業與公眾訊息交換的渠道，再將整理過的有效的訊息向外投放，以達到公共關係提升及確保公司所有商模順利運作的目地。

網路論壇傳播是網絡公關的亮點策略，公關危機是企業社會責任及品牌社會觀感度的考驗，公共關係發言人就像企業與公眾的有效溝通橋樑。有意識的培養「公共關係發言人」是極為重要的。

「公共演說講師」

將企業的特殊專業或商品以公眾演說的方式向外部輸出，這種輸出方式可以是企業的一種「商品」並從中營利。例如：白傑老師的「天賦

原動力」及「順流方程式」課程，是道術勢企管顧問有限公司的主力商品；又如：吳佰鴻老師的「記憶心理學及多元智能」和「口語表達實務技巧」是艾美普國際教育機構的核心商品一般。

現今的公眾演說不受實體課程的交通距離及場地等限制，付費制一對多的視訊課程早已行之多年，而現在正夯的專精題材或特定族群的網紅直播，動輒幾十萬幾百萬圈粉帶貨或廣告百萬收益也不足為奇。還有我個人非常期待的元宇宙虛擬會議等大未來，這些進行中及不久將來必會成形的商業機會，絕對需要大量具有公眾演說及表達魅力的各種講師。

接下來的 5G.6G.7G 的演進，絕對會讓虛擬實境中 2D.3D.4D 交錯實體及虛擬人像的空中之城大時代提早到來。任何人，在任何地方，使用任何語言，都可以即時在網絡自媒體輸出自身想要表達的資訊，只要有需求有市場，「公共演說講師」這樣的人才將有大需求且大有可為。

「專業領域培訓師」

所有專業領域都有傳承與複製的需求，尤其是業務部門和專業技術部門。一個具有完善教育訓練的公司，往往需要有相當的人力與財力。如若能在企業內部建立專業與實務兼備的培訓師養成系統，讓需要長期教育訓練的部門能有相當資歷及經驗的人去做培育新人及經驗傳承的工作，這無疑能降低外聘講師的成本、縮短新聘員工摸索適應期，以及能更有效提升企業運作效能。

除了生產型企業需要專業經驗傳承之外，業務部門的教育訓練更是首重，好的業務培訓能讓業務部門在新品上市快速上手，業務主管也較能快速組織有戰力的業務部隊，因為業務績效是唯一決定企業存亡的關鍵指標。

所以說，業務培訓力是最重要的企業命脈。專業領域培訓師更是任何企業發展無可或缺的重要角色。而且他們無法單憑口才天賦，而是要

靠專業技能及實務經驗的累積，也許培育發展的時程可能較長，所以不得不提早搭建架構。一旦這樣的專業傳承系統被建立，這將是企業非常寶貴的資源與底氣。

組織內講師培育發展計畫

　　基於上述這些需求，各個產業在發展的過程中必須要「有意識」的發展新世代演講力，這是不容忽視的企業競爭力。主管在招募人才的流程中，就該特別設計如何刻意發現挖掘具該項潛能的演說人才，並在組織運作的架構程序中放入適度過篩及測試的流程。

　　如果能順利通過測試，就要對該人才進行單獨的階段性『新世代演講力培育發展計劃』。這絕對不是隨性的行動，刻意培養才是積極進取的選擇。只要領導者有心培訓，必定能為企業帶來無可限量的商機！想當然也比較能擴張企業未來發展的可能性，而演說型人才相對也可以有更寬廣的發揮舞台。

　　伴隨著這些培育養成計畫，企業文化及價值觀和公司願景，將容易被複製傳承生根。當這些企業核心價值透過培育輸出而深植企業人心並成為普世觀感，既使當第一代創業者面對退場或退休，必須世代傳承或聘請專業 CEO 時，企業文化與價值成為一個企業的防護罩，因為不需要刻意提及就能自然生成的價值範疇，反而能正向的牽制想背道而馳的新領導人，百年基業的企業魂一旦養成，新舊世代傳承交接將較能有立柱，文化自然較能水到渠成。

組織型講師的價值觀確立

遴選組織型講師最重要的是找出本身的內在價值與企業價值的相近之人，而非將企業價值變成口號塞入好口才之人的演講稿中，這對我而言是大忌，因為背誦宣揚容易，但要「活出」企業價值觀卻是兩回事。

例如企業價值觀訴求環保、極簡主義，但培養的講師卻一身繁複衣著、自媒體大秀鋪張奢靡；或是企業價值觀訴求未來科技領航者，企業代言人卻開復古老爺車等等……這些都沒有對錯，只是在聯想上會有反差錯亂和不相容感。

企業講師長久代表企業站在第一線聚光燈下成為受眾焦點，講者的個人氛圍與人設將是最大的見證或反證。所以培訓中第一重要的課題，就是要透過「諮詢、調查、觀察及求證」四步驟選定適合的人，再花時間深度溝通公司及團隊的使命與願景，要確認彼此的價值觀及願景是相同的方向，才能著手栽培，以免培養了一個「危機」。

人們很容易將企業代言人或講師與企業形象及商譽畫上等號。代言人的形象與人設一旦成功與企業社會印象深度連結，這個角色的存在，就不再只是代表代言人或講師個人，而是同時代表其企業品牌。尤其是人手一機隨時可爆料的世界，相悖價值觀的人設有可能一夜崩塌，而過去在做這個人設的所有成本與時間都會白費，一切就必須重頭再來。

企業形象一旦嚴重破損，有時真的很難回到之前的社會認同的高度，所以妥善選擇代言人，絕對不只是關於是否具備個人演說能力與技巧而已，早在這之前，更重要且不可輕忽的事是要找出內在價值與企業價值觀相近的人才特質。

你不能成為最好的講師，
除非你成為你所說的

　　以我從事幾十年的金融產業為例，最能直接創造商業經濟效益的部門絕對是業務部門，業務主管通常扮演著啟動公司產能的關鍵。而業務主管大多自業務底層爬升至高位者居多，當然也有由公司委聘派任的空降主管。無論是哪一個方式而來到業務部隊的業務主管，都要親自開創、組建、整頓能夠接受自己領導的業務團隊。尤其在完全無底薪、入行經驗深淺不一、背景資歷參差不齊的業務部隊，絕對需要大量的業務培訓。

　　業務主管如果是業務戰將型，較能以自身的專業市場經驗作為培育團隊績效的基石，透過自己認同或開創的業務管理及支援系統，系統化、模組化的傳授給業務夥伴，還必須加上實際操練或通關指導，帶領整個團隊創造高績效、高收益、及超高戰力。業務部隊夥伴們只要賺到錢又感覺到幸福，必然較能建立團隊意識及向心力，這樣的團隊高績效的週期會比低績效的週期更長。

　　另一種接受派遣空降的業務主管，有可能是由公司本體其他業務部門或管理職被調派來的；也有可能是從其他公司或其他產業被挖角來的，這樣的背景相對會較具挑戰。建議先委聘專業講師和團隊內的銷售高手，

一起整合做出一套適合現在團隊的銷售培育系統，切勿不懂裝懂或自誇自擂而讓組織高手看破手腳，反而會引起反感和隱藏性的不尊重，將來一旦有了任何衝突破口，就易引起對抗及消極配合等現象。

我的個人主觀意識的建議，空降業務主管最快服兵點將的作法，就是要帶著這套系統自己帶頭做出結果，業務部隊是用績效〝結果〞說話的，你無法用說服的方式讓戰友信服於你，如果你拿出自我實踐的結果說話，自然能讓所有人願意為你、為新形成團隊打拼。所以，除非空降領導人願意捲起袖子大家一起幹！不然觀察期和懷疑期戰線會拉太長，較難快速整軍帶領出真正敏捷強盛的團隊。一旦新團隊超過預期時間無法做出績效，空降業務主管的業務培訓系統將被質疑，除了推動更難之外，原本積極有企圖心的人也會離開團隊，這就是更大的損失。

所以業務培訓講師是需要有實戰經驗的，而且不能淨談當年勇，只要離開業務市場一段時間，你的實戰經驗就非常可能已不合時宜。話說我經常在許多演講場合座位席上，聽到位居高階卻早已超過十年未曾上過戰場的資深業務主管，為了讓人相信他曾經如何風光創造佳績，忍不住的慷慨激昂！但台下的年輕人卻興致闌珊的互相低語著：『好漢不提當年勇好嗎？現在無線上網了，他還在說慢速撥接他多強⋯⋯』

對我這個相對較不敢挑戰權威的中年人而言，聽到年輕人的這些話雖然仍覺得有些刺耳，但也不得不適應新世代年輕人的直爽與坦白。是的，新世代年輕人不聽傳說或八股說教！他們生存在資訊爆炸的時代，早已鍛鍊快速過濾非必要性資訊的能力，他們只信服此刻仍戰績卓卓的現世豪傑，對於往日英雄，也許只能有三分鐘空間及雅量。

所以說，無論你站在台上說得多好聽，身為領導人勢必要言之有物，人們不會只在乎你究竟懂了多少？而是更注意你做了多少？和你究竟真心在乎他們多少？很多事情知道並說出來，不難；難的是你是否能將你

說的，先做出來。

　　十七年前我剛轉職至保險經紀行業，當時推薦我的主管，在認聘我職級時問過我：『妳在原公司是業務經理，我若起聘妳為業務專員，恐怕太委屈妳了，我在想要不要給妳認階襄理或副理……』，當時我是這樣跟我的直屬主管說的：『我知道在保險經紀人這個產業，業務位階的高低直接影響到佣金的抽成數，如果我是只是來短期撈錢的，我會覺得您對我的關照非常實益。但是我是來做團隊、是來創業的，我也深入研究過公司的制度，只要我很努力，想要幾個月就爬到襄理或是副理職階，我相信並不是太難的事。所以我想從最基層業務員起聘，因為我知道隔行如隔山，如果我能從基層做起也能成功，以後我也才能夠以此方式路徑，複製給我未來團隊的每一個轉業的白紙業務員，謝謝您對我的大方及的好意，您只要在未來事業發展過程中多幫襯我。在我甚麼都還不懂的情況下您肯多花時間教導我，我認為您多賺些我與您之間的的佣金差額是合理的！我相信如果組織型主管無法在培養新人的過程有一定的收益，必定很難在自己的生計與培育新人之間取得平衡，如若必須在現實中做取捨，對新人也不是好事，所以您讓我報聘最低階業務專員就好。』

　　在同期的新人同事們眼中我是放棄初期就能領到高佣金的傻蛋，但我並不認為，主管在自己銷售及培養組織的過程中一旦收益失衡，人性使然就必會以自己的家計考量為先，這樣反而會增加我自己摸石頭過河的時間。然而事實證明，我的主管在前幾個月教會我很好的邏輯，也就是這套邏輯讓我第一個月菜鳥月就賺到 40 萬新台幣收入，從此奠定了我從業的信心，也藉由這個基礎，我建立非常好的銷售培育系統，在前公司從業務專員一路打拼，十個月內晉升為區經理，二年晉升為營業處經理，三年晉升為業務總監，每個位階都以完全符合當年業績及人力標準晉升。也就是這樣的歷程，讓我完全體會這個行業不同位階的心路歷程，

和必要學習的本質學能及可能要面臨的挑戰。所以我團隊的價值觀是業務職階要有相對應的職能，如果不配稱便會是團隊發展的逆風。

後來當我要開始在團隊推動任何國際獎項，無論是百萬圓桌 MDRT、國際龍獎 IDA、亞太保險獎 APFinSA、中國國際保險菁英圓桌大會 CMF 等等獎項，我絕對會是自己有得獎才能推動的理直氣壯。當我想要將團隊帶向國際財務規劃師團隊的高度時，我也是團隊第一批考取中國保險執照和 FChFP 特許財務規劃師執照的人。

身為講師站在台上，我們所教的必須是我們做到過的。無論我們自認為自己專業理論有多強，我們的宏觀格局有多大，我們必須要身先士卒才能服眾，我們說話才有底氣！當然也才能在課程中不害怕被挑戰或發問。如果你是銷售型主管，那就講你的銷售經驗；如果你是發展組織型主管，你就好好的講建構組織的技能，千萬不要說你沒做過的，或八百年前的故事了。

善用爬階式鍛鍊法培養講師

上一篇我們談到領導者是當然的首席講師，但當團隊或部門越來越大，所要管理或輔導的面向越來越多，當然要提前開始架構培育下一代講師，以備組織擴張時大量培訓時師資的需求。古時戰事決勝關鍵，除了將相之能外，最實際的還是在於兵力與糧食。而今業務戰場上人力的質量好比兵力，教育訓練就是糧食，國強民富的關鍵在於未戰之時的治世存糧及練兵。

一個好的領導者必須看見團隊的「將來」，提早為那個熱切想要的將來做準備，並且心中堅信它會實現，在自己內心形成強大信仰！那麼，當我們在做任何目前看不到即時效益卻十分重要之事，如籌備軍糧招兵買馬之時，也才能夠勇敢堅持。夥伴跟著我們是要有前途的，我們要為所有的理想佈開大局。就我個人的認為：發展小型化組織最重要的事是「徵募系統」；而欲發展大型化組織最關鍵的就是「培育內部新世代講師」。

我把培育內部新世代講師這件事當成玩遊戲打怪練功，這個過程就像陪孩子玩遊樂機一般，要能享受且投入。我認為玩遊戲的原則是要自己玩的開心。成功關鍵就是要自己覺得好玩，好玩才會玩得好！如果過度嚴肅或要求完美而顯現嚴苛，往往會更容易揠苗助長或提前斷送好講

143

師的心脈。所以我覺得在所有培育講師人才的進程當中，安排一階一階的短期挑戰，透過這些階段性挑戰幫助他們陶冶性情、磨練心性，進而學習與人合作的同理心、溝通能力，以及與其他工作者的配合默契。

我的培育遊戲分三個階段的挑戰：

第一階過濾選才

我在團隊中設計幾個濾網來篩選出適合培養成為未來講師的人才，我提供自己運用多年的方法給大家參考：

「輪流主持」是我非凡事業團隊的文化之一，一般人鮮少有機會上台說話，只因為在台灣多年以來偏向講述式教育，在單向受教的體制下，完整表達自己和面對成為眾人焦點的成長方式，幾乎只是少數功課優秀被指派參加演講或辯論等學生的專利。當大部分的人習慣隱藏自己的光芒，排異求同變成了潛意識慣性，要讓他們出社會後鍛鍊站在聚光燈下，是會有很多自我設限和抗拒的，如果一下子指派一個講題給某位主管，有可能因為壓力過大反而把事情搞砸，演講不成功雖然是挫折，但是更大的損失是來聽課的人浪費了寶貴的時間。試想五十個人的二個小時便是一百個小時的效益的損失！所以千萬別輕易拿員工或夥伴的生命來嘗試。

如果台下的反應是冷淡或失序的，演說新手必會有非常負面的情緒連結，往後要再次讓他再接受挑戰，有可能就會需要非常用力重新心理建設。當挫折過無法轉換信念而拒絕接受授課任務的夥伴越來越多，組織內會形成一種推諉不願擔當的氛圍；但授課者若只侷限在某幾位講者，能者多勞也會失衡，課程的新鮮及活潑度自然也會降低。如若長期排課品質不佳的比例過高，同仁們想當然爾會慢慢失去學習的期待值及熱忱。

逐漸形成不得不參與，卻又顯出疲態不耐煩之態，安排學習課程的人也會感受到排課的壓力及無力感，這些真的都是發展組織中盡量避免的代價。

　　所以我會先設計經常性會議的主持人系統，這種經常性會議的主持非常簡單容易上手，也很難犯下甚麼大錯，我會刻意安排每個人有主持的機會，而且每人至少連續三場，這樣的安排有幾個目的：

1. 付出文化：

　　刻意讓每個人都有為團隊付出的機會，人類總在為他人的付出中得到自信與能力提升的回饋，取之於團隊必回饋於團隊的心態是很好的團隊文化，團隊中沒有人是只接受不給予的，每一個人都分擔一點小事，但也由這些小事的彼此分擔而看見彼此的存在。我認為這是讓總是分散在外各自拚搏的夥伴們，能在回到團隊培訓時有更多的歸屬感的機會。領導者在安排主持人時如果有某位夥伴總是推辭或逃避，可以觀察是因為沒自信還是自私，以此區分要培養的和要放下的。

2. 形象調整：

　　每個人都有屬於自己舊有的穿衣風格，在正式會議或學習課程中我會要求較正式的服裝儀容，但當要擔任主持人時，因為會是眾人的焦點，一般人也會更注意形象打扮，希望呈現較好的自己。在他們刻意精心整裝上台時，我會去注意他們站在台上時身形的優劣勢，關注他們的服裝儀容搭配協調性，紀錄需要改善或提升的部位。然後再在私下慢慢給他們建議，幫助他們找出適合自己的風格，透過一些細部的調整，讓他們能逐步提升站在台上的風采與氣場。好講師的衣品真的很重要，這事除非他們本來就很擅長，要不然是需要很多年的學習的，絕不是當他們是講師時才來修正模仿，如何在舒適做自己，及快速獲得觀眾信賴中取得平衡也是好講師的重要學程。每次上台，若單就外型的改變就能得到讚

美與認同，我認為是最容易取得自信的方式。

3.台風調整：

有些人的台風很不穩，不是因為他們言之無物，也不代表他們沒有被發展成好講師的資質，大多是因為害羞而肢體扭捏搖擺、因自信而眼神飄忽呆滯、因恐懼而語意模糊，或因緊張而神態慌張肅穆等等，這些初期表現都很正常，當團隊每一個人都有這種初場經驗，大家對新手主持人當然就都會較有同理心和包容度，因為大家都經歷過上台的磨練期，彼此都會借鏡學習和鼓勵。我會特別幫某些人錄影，作為會後修正指導時的教材，有些人是有不適當的口頭纏或習性，這個部分就必須要重複提醒指正，拿麥克風也會是一個技巧需要被調整，這些都是在當主持人時就可以鍛鍊的。

4.控場能力：

會議或課程前，主持人會做講師的背景調查和講綱及流程準備，也要事先與講師在課程前通話，與講師溝通授課進行要與之配合和注意的事項，如果主持人經驗越豐富，就越能向前輩講師們學習安排的用心及用意，也會因為必須綜觀全場而以第三人的位置及角度，感受每場課程運作時的流暢度與氛圍流動。主持人必須與講師配合完成任務，協助控場和遞補需求，這就是觀察敏銳度及控場的操練。

5.會後檢討：

如若是新手講師我會為他們做課後總結，除非特殊情況，通常我會要求主持人參與在這個會後總結的會議中，也讓主持人給新手講師一些真誠的回饋，在培育新手講師的同時，主持人已開始適應會後檢討及收取回饋的學習歷程。在觀察後給出來的真實回饋，其實也是一種鍛鍊，鍛鍊自己心口合一的表達，也鍛鍊觀察聽眾們反應與回應的重要過程。

一個好的主持人不一定是一個好講師，但是一個好講師必然會是好

主持人。我是透過大批大批的主持人培訓過程中,挖掘出適合進入下一個階段挑戰的人才,因為這些人往往負責任,願意為他人付出貢獻,也會是心理狀態較有空間接受指導修正的人。我會在過程中測試及觀察這些種子講師最有效啟動轉變的因子有哪些?待將來講師操練階段能做為調整態度及範疇時的樞紐。

第二階段:「團隊合一」

通過主持人篩選的夥伴,接下來要開始擔任組織活動中所有不同組別的工作任務。團隊需要舉辦任何活動都有許多工作需要人力支援,我會刻意安排通過第一階段篩選出來的主持人名單,進行下一個階段的培養挑戰,將經常性活動工作讓這些夥伴盡量輪值一遍。在我的思維中,每一個工作都具有很重要的學習經歷:

1. **活動企劃:**

從活動目的出發,將所有活動流程通盤想透,就以辦講座為例:如何與每位講師邀課?如何安排每一堂課程的串接?時間安排及掌握度等等。有一些講師因為沒有經歷過這些職務的磨練,所以講綱與邀約主題有嚴重跳框的情形;隨興型講師也會經常出現外掛版;對時間的掌控沒有太上心的講師會遲到或是超時等等……這些都是會讓活動企劃焦慮的事件,要做過這個職掌的人才會懂,當他們成為講師時,自然較能體諒並重視事前溝通的共識。

2. **迎賓招待:**

做過迎賓招待的人都處理過一些狀況,例如雨天大塞車,課程要開始而來賓卻還姍姍來遲;事先安排好的座位被來賓打亂;場地突發狀況讓來賓面有菜色等等……要如何處變不驚地安排妥當,還要靠高情商保

持優雅笑容，這些經歷都可以使一個講師更具有臨場反應及同理心。

3. 音控設備：

除非是機器設備障礙兒，要不然我也會要他們學習這些科技產品的使用與操作。我認為求人不如求己，講師外訓的機會是很多的，有時候我們無法確保外派邀課的場地會有甚麼設備的突發狀況會發生，如果沒有自己人在旁邊協助處理，跟對方發脾氣有時也是無濟於事，只會嚴重影響到自己講課時的心情。所以我鼓勵夥伴能夠多學習各類機械設備的操作使用，包括音樂及音響設備，最好對於燈光及溫度調整都有經驗，這些都是可以讓一個講師在課程進行前測試設備及氛圍營造時較精準，也可以在中場休息時間，依現場情況對工作人員提出新的調整要求。

4. 拍照攝影：

現今自媒體的時代中，品牌經營和自我行銷對於一個講師而言很重要，通常需要大量的照片與視頻原材料。然而我們都知道講師在講課中是一種連續的韻律動作，要能在全心投入演說的過程中，還能在語畢屏息之間接住攝影者的快門不太容易，要是能從拍攝他人的過程中學習到演說中的走位、拿麥的角度、與鏡頭的交對、與人互動時的刻意錯位、強光下拍照的位置等等技巧是真的很好的。

5. 活動總召：

在成為超級講師前，如果能先經歷過舉辦課程中所有幕後工作的洗禮，體會工作人員的辛苦，還能在組織與合作的過程中學習與人溝通的情商是最好的。若再能成功完成幾場大型會議或學習營，必然會讓種子講師對於掌握大場面更有自信，對於未來的授課中可能面對的突發狀況，也較能心有所數。更深一層的用心是，講師就像是整個組織的定心丸，透過授課以外對於整個團隊的觀察與支持，在課前為團隊做心態準備及課後學習總結，這樣主管就可以不必事必躬親，反而形成了每個獨立講

師與團隊的合作張力及默契，這是組織教育訓練系統成熟化的象徵。

第三階段：「走上舞台」

　　這階段是真正進入了講師培訓最後階段，每一個人都有自己的天賦與悟性，在這個階段，就像要攻打大魔王的最後那幾關，至關重要。有人天資聰慧才華洋溢，稍一點撥再加上自身投注心力，很快便能過關斬將救得公主。當然也有人卡關特別久卻仍越挫越勇，直到戰勝大魔王為止。在這個晉級過關的過程，主管的輔導能力就必須善用，在不同位置的講師要有不同的激勵與總結方法，就像要讓賽馬在賽場上能專注往前方目標奔馳，教練會幫賽馬戴上遮住兩側視線的眼罩，這眼罩是為了讓馬匹避免受到外界的干擾，在單一目標的視線下才更能激發賽馬的戰鬥力及角逐的激情，所以每次總結都是為了要幫助講師更聚焦方向在做好課程的目標上。以下是我對各個階段成熟度的講師所設定的總結方式。

　　1. **初階講師：**

　　焦點放在「我做對了什麼？」、「我創造了什麼？」、「我得到了什麼？」，初階講師因為經驗較不足，自信心自然較低，也最在意他人的評價及學員的回應，容易只把焦點放在自己說錯了甚麼？做錯了甚麼？表現得好不好，過度在意自己的結果是容易忽略該花心力在授課內容和精進專業上，期望能討好所有人反而會失去自己的力量與信念。所以，初階講師每場課程前都要做足功課，課程內容最好在更有經驗的前輩面前做過演練，聽取前輩的建議再適度修正。所有課程內容都需要精密做設計，PPT也要去繁為簡，要能善用具震撼的圖片、觸動人心的影片、有趣的故事等等來為初階講師增值加分。

　　而在做課後總結時，要將總結重點放在他在這堂課中做對了甚麼？

完成了甚麼？創造了甚麼？得到了甚麼？進步了甚麼？只有將初階講師像賽馬一樣戴上眼罩，把焦點放在自己的目標，專注可以激盪出很強大的突破。所有的心思不應放在外面的評價，唯有開始練習照鏡般的自醒能力，這一生才會有機會成為卓越的講師。

講師的路要能走的坦蕩開闊，向內尋找答案才是最殷實的能力，而這個能力就是要從成為講師的第一天開始養成習慣。另外，注意到這個階段的自我問句都是引導自己看好消息的。只看優點，不是因為逃避錯誤不做修正，菜鳥往往要修正進步的地方會很多，但是我認為星星不曾在星際中消失，而是當太陽的光夠亮，人們自然不會在太陽光下看到星星的微光。所以找到自己生命的亮點，比一直看著自己的缺失更能增加自信心不是嗎？

所以初階講師需要的是找到自己的方向與定位，勇氣與自信才是最重要的光環。身為教練必須在這個時期以鼓勵及鼓舞代替責備和檢討，只要教練給足了倚靠和底氣，新手講師才願意冒險多方嘗試，這才能讓授課功力日益殷實。

2. 中級講師；

焦點放在「我的侷限是什麼？」、「我最抗拒的是什麼？」、「什麼是我不願意直視的？」，累積一段授課經驗與實力的講師，會來到一個既有能力發揮到極限後的撞牆期，擅長的課綱反覆講授後，會出現感覺無聊或沒有新意的階段。又因為自認為有了一些功力而更容易怠於備課，小成小就的講師還會開始倚老賣老不求進取。在我看來，若是一直保持警醒，思想著突破精進的中階講師，想要改變現況向上爬階的講師內在是最痛苦的，因為更大的成就往往在舒適圈以外，沒有冒險沒有新的挑戰，就沒有新的自我認知，更難看見自己破繭而出的自由與美麗。

所以，身為教練在這個階段最好的支持立場是挑戰，要勇於挑戰中

級講師的自我設限，推他們一把吧！給他們更大的課目。例如：從單堂課提升為系統式帶狀課；從慣用的講授進行方式變成生動活潑的互動或示範式課程；從內斂式的表達方式挑戰至外放式表達方式；甚至往更大的專業課程發展。

人要持續在自我挑戰中成長才會看到自己能力的擴張，當人有了一定的能力和認同時，自然就會滿足於現況，害怕改變或害怕失敗而趨於保守。這樣非常可惜，因為人的潛力無窮，只要教練有心培育，就要不厭其煩的用問題去做指導，而講師本身本就應該要自我檢討和自找答案。

但是人都會有盲點，也會有明明自己早就看見，卻不願意面對而長期逃避的面向。卓越的教練要成為中階講師的明鏡，中立投射出來的不僅是表象行為，更要能照映出講師內在的自我評價、自我設限和自我期許，還有更深層的恐懼與渴望。只要能挖掘出這些潛意識信念，幫助中階講師勇敢的探索及面對，鼓勵他做出自我突破的承諾，再決定出所有挑戰的策略步驟和採取行動。只要有共識、有承諾，相信持續堅持下去，每一個人都可以進步神速。

3. 高階講師：

焦點放在「如何做可以影響更多的人？」、「如何讓工作人員都有成就感？」、「如何調氣養息，讓自己不會太消耗？」，高階講師的專業與授課技巧都很老練，氣場及表現也已收放自如，更有自我總結和自我修復力的能力。那麼他們的下一個挑戰，是要如何將自己最好的課程發揮更大的效益。例如：規劃更大場的演說、嘗試線上直播帶入商業模式、或是將課程與其他產業做結合，以打造產業合作鏈。所思所想都是要讓他所講的課程如何幫助更多的人。

高階講師他們原則上完全能獨立發揮得很好，這個階段的講師已經可以將焦點向外，協助總召做臨時狀況的危機處理，支持主辦課程的整

個工作團隊。他們也可以做好課程前的準備會議及會後總結。他可們還可以以資深講師的身份感謝工作人員,讓所有投入時間與心力的每一個人感受到被嘉許被認同的體驗。甚至可以慶祝會議的成功,讓團隊擁有成就感。

　　當高階講師創造出良好的品牌口碑,邀課量與授課時數將屢創新高,精氣神及體力的鍛鍊及時間安排就很重要。要如何在生活中注意調養身體,而不會因為太長時間的消耗使氣血不足。有些講師怕血糖升高而習慣上課前不吃,往往會空腹只喝黑咖啡或濃茶,長久下來會有腸胃問題,這不是良好的健康狀態。除了心肺鍛鍊之外,保健養氣的方法很多,建議所有高階講師要自己找出適合照顧自己身體的方法,講師之路才能走得更長遠。

培育指導

　　針對不同課程目的，授課講師自然也會不同屬性的特質。初階講師建議先選一個方向去操練，一開始就是全能型的講師是少數的。所以建議先以自己本身的特質，找一個方向深研學習和發揮會是較明智的選擇。如果自己不是很清楚適性的方向，最好可以先跟主管做適性分析，這樣比較不會迷失方向或跟自己目前的短處搏鬥而消弭了企圖心。以下是針對不同屬性講師的培育指導建議：

1. 知識性的講師：

　　知識性課程是硬需求，許多產業都會有大量的專業性需求，課程中難免艱澀或枯燥。所以如何運用 PPT 製作的變化去活潑畫面，授課方式要避免太長的文字敘述和無趣的長篇導讀，刻意設計過的幽默風趣是很好的潤滑劑，難懂的條文或理論也盡力將它故事化或生活化。因為課程本身就較容易讓人昏睡或失魂，所以語調要練習抑揚頓挫，用身體語言和走位及問答互動吸引學員的注意力。簡報也要避免太繁複的文字，盡量用圖表或動畫取代。避免太糾結內容細節卻遺失大架構的流暢度，

　　整場演說還是要有起承轉合及有力量的停頓點，最好預留最後五分鐘做重點總結。也可以事先安插的樁腳學員做學習分享，課程的層次感

要不斷的提升，越是堅硬的課程越需要技巧，如果能讓學員上完課還津津有味，想再來上該講師的其它課程，這就是非常成功的知識型講師。

2. 激勵型的講師：

激勵型講師的主要訴求是透過公眾演說，由外在介入的方式主動去挖掘人潛意識的力量，幫助學員以正面思維及積極的態度去面對人生目標，以達到潛能開發及啟動達成目標意願的企圖心。一個優秀的激勵型講師需要非常快速的與學員建立信任，沒有信任感是無法達成激勵效果的。信任是建立在同理的基礎上，如果一開始就以居高臨下的姿態，強攻猛進的想打開學員的心是危險的，如若沒有達成會有反效果，反而容易引起反感、退縮、抗拒、冷漠或反攻擊。所以建議破冰和建立信任的橋段絕對要經過設計，再以循序漸進波段的方式提高學員配合的意願，以達到激勵人心的效果。

激勵性課程最好以帶狀課程進行才能較具收益，因為人的慣性和範疇是固化的，激勵型講師的功力再強，都是要有一定的進程累積。如若課程能以沉浸式或體驗式進行，再以帶狀系列進入人的潛意識去改變，我認為是最好達到長效型激勵效果的。

激勵課程要避免過於誇大不實的內容，太高頻率及過度灑狗血的表演方式不一定吸引人，因為現代人對於戲劇中經常出現過於激動的表現方式已經免疫，所以音調的收斂與發散要設計過，一定要以能真正觸動人心的目的去展現。

有些激勵型講師會不按牌理出牌的即興創作，容易偏離課程主題後拉不回來，讓工作團隊手忙腳亂。激勵型課程需要群眾氛圍來加分，適合大型演講發揮操作，但絕對不能不做足功課就想矇混過關。

3. 活動型講師：

活動型講師的功能是在透過活動方式達到教學目的。一般比較會以研討會、戰鬥營或團隊訓練為主軸課程，再將其中幾場安排成大量互動學習型課程。活動型課程必須要讓學員願意主動參與，在帶動積極歡樂氣氛的同時，有幾個特別要注意的事項：

注意避免只展現個人光環而佔用太多時間，卻失去活動本身要達成的目的。要讓學員有參與感與給他們充足的時間分享，盡量讓學員感覺是他們在主導而非僅是配合者。

注意問話技巧的禮節和進退，遇到冷場時可以使用小自嘲降低尷尬。

注意講師的服儀要配合活動主題。

活動型課程會很有變化和彈性，所以要先強化與主持人及活動組之間的默契，可以事先安排暗號、輔助備用道具或備用計畫等等，萬一遇到突發狀況時比較能冷靜的處理。

面對反饋問卷的心理建設

100% 滿意度的迷失

　　課後問卷往往是講師自我評量的方法之一，問卷本身設置時的問題很重要，如果問題設計的很好，問卷本身是有一定的參考價值的。但是調查結果卻也不一定完全真實呈現講者的表現，或是課程對學員的收穫。但它絕對可以是一些反饋蒐集的好方法，讓主辦單位和課程安排者及講師有一些資訊參考，以便知道如何改善和提升培訓的效益。所以課後調查表很重要，最好能預留足夠的時間給學員完成，而不是時間倉促到學員只是應付交卷，這就會容易導致失去課後問卷調查的有效度及真實性。

　　講師們當然會期待有 100% 的滿意度調查結果，但再優秀的講師都有可能會拿到不夠滿意回饋的可能性，甚至有些會有批評或攻擊，學習以正面心態去看待結果，這是很重要的講師能力。一旦站在講台上，被挑剔是無法避免的，只是這些曾經的質疑或否定，才是成為好講師之路上不可缺少的階梯。

　　學員對講師的評量有哪幾個面向是要先思考的：

1. 期待值不同

　　每個人進到教室前，都有他們原本的知識背景和能力。無論講題如

何標定，一定會有人對其內容早有基礎，甚至也可能有同業高手，但也會有非常菜鳥和基礎不夠的學員。講深了菜鳥聽矇了，講淺了老手覺得很弱搔不到癢處，每個人都有他們來聽課的目的和期待值。講師與其事後看調查表結果再來懊悔，不如事先先做足功課來的實際。例如事先在報名時加入調查學員背景的機制，或是清楚地詢問主辦單位學員們的背景等等，這樣講師絕對較能事先適度調整課程的內容，以盡量滿足所有學員的需求，高階講師應該要具有現場觀察和調查的功力，臨場對人的感受才是最真實的。

2. 價值觀不同

有些不夠成熟的講師會因為害怕被討厭，或有不好的評價而小心翼翼想取得中庸之道，對於該有的立場及態度不夠堅持，甚至會在被學員強硬質詢或挑戰時表現退縮或妥協！這麼做反而是危險的，因為講師是要有信念的，我們是帶著知識專業及能力來教導他人的。可以跟學員討論或碰撞，但是一定是要奔著真理去的，而不是為了避免衝突而失去講師授業、解惑、傳道的使命。所以不要試圖討好所有學員，這是不可能的。更何況有些學員沒事是要來踢館的，他們之中有些人只是為了展現自己的自以為是，如果已經進入辯論或爭執，那講師就該要收回話題主導權，不要陷入拉扯情緒。好的講師要能「進退有度」這是一門持續精進的講者藝術。

3. 語速需求不同

我們都知道每個人都有他們認為耳順的語調與語速，對於慢郎中而言，機關槍般語速讓他們覺得不安；但對於急性子的人來說，卻對慢條斯理的語速感到煩躁！如果整場演講都用同一種語速進行，勢必會失去一部分學員的耳朵，所以我們要學會在演講中加入這兩種較極端的人的需求。

要能時而娓娓道來時而慷慨激昂；或時而深情對話時而鏗鏘有力。一場好的演講要像一場身歷其境的電影，要讓聽眾都能入戲三分，除了滿爆的知識含量，還要有拍案叫好的經典佳句，要是還能有笑、有淚那就太完美了。

4. 挑剔才有進步

身為講師當然還是要不斷精益求精，一開始是為教而學，之後就要為學而教。從學習與行動中提煉出培育他人的真功夫，學與教之間是無限向外延伸的良性循環，越要教的好就要投入更大的學習力，而這種良性循環可以讓講師的影響力愈發強大。我從事企業內部培訓多年，一直覺得教學相長是真道理！而且講師要有被人挑剔的雅量，還要有自我挑剔的本事，凡是能絆倒自己的，必然是幫助自己跳更高的力量。所以，不要被困在不夠好的心結裡，而是要有切割鑽石般的硬氣去做去蕪存菁的提升。

5. 比較是天性

比較是天性，在任何圈子裡，同性質同屬性的人與事，總是容易被拿來做比較。我們被他人比較，也會拿自己跟他人比較，比較有機會讓人因較勁而能力大增，也有機會因為覺得自己技不如人而自廢武功。所以身為培訓講師的教練，要小心使用「比較」這個戰略，因為若弄巧成拙，很容易引發企業內訓講師的敵對心態，這對於團隊常常會弊大於利。所以這是一帖猛藥，當小心服用。與其要比誰教的更好，不如從對方的呈現學習到自己可用的技巧，把良性的對手看成讓自己進步的另一面鏡子豈不是更實用？

企業組織內部的講師培育系統要建立，需要有一個對大組織大企業有夢想、有堅持的領導人的啟動與運作。他可以是企業風向手，也可以

是企業發展的掌舵手。團隊中的每一份子也當有共同的目標,所有人都要知道,在這個英雄淡出團隊勝出的新世代裡,整個組織是相互效應相互支撐的,我們不能輕忽彼此的關聯性,我們可以各自懷抱不同的才華與能力,但我們的願景必須具一致性,絕不能各彈各的調。

領導人想要具有更高的思維與格局,除了持續不間斷的學習之外,還是要不時地回頭觀察身處環境的細節處及市場大方向是否有出入,我們要是飛翔的雄鷹,既便飛在萬里高空也能以超級敏銳的心思眼力,縱觀內外環境的變遷與協調性。

我深信每個領導人也都需要有一面最中立乾淨的鏡子來我們做出回應,好幫助我們知道我們的方向、策略與結果是否都在軌道上。所以我們建議大家找到那個可以成為我們最好鏡子的「教練」。一個好教練的身後也應該要有一個好教練。

培訓講師的基本技能要求 —— ASK 原則

技能
Skills

態度
Attitude

知識
Knowledge

在這個知識取得非常容易甚至是免費的網路時代中,要讓人願意心甘情願花費自己的金錢及時間於某位講師的課程學習,這位講師本身的價值就要是超值的。市場是現實且敏銳的,沒有人會做第二次冤大頭,好的會傳出去,不好的傳更快,不要抱怨市場的無情,一旦你沒有任何犯錯的本錢之前,你必須要精準且極致的將這三個能力展現出來。

雖然我們不可能完美才作課程,但是我們必須要有滿足市場需求的

技能 Skills、含金量高的知識 Knowledge、嚴謹負責任的態度 Attitude，
要成為卓越的講師，就要反覆的操練這三個能力，只要講師不會陷入自
滿而怠懈於提升學習，持續的擴張自己的 ASK 能力，自然能夠經得起市
場及時間的考驗，而獲得講師的滿足及成就感。

授課的起承傳合

授課過程中有許多需要注意的細節，提供我授課經驗中幾個我認為好用的技巧給大家參考：

連結：開場前講師一般站在後面等待主持人介紹出場，學員還未坐定位前難免會穿流走動，總有與講師照面或眼神交對的機會，我會善用這幾分鐘以友好的微笑或真誠的眼神與之交流，當現場有人一開始便認同你喜歡你，自然開場比較會有溫暖和善意。

注意：在開始演說之前，您需要獲得參與者的注意，讓浮動的情緒做一個整理，善用好的問候做開場，或以適合主題的故事調頻率是最舒適的。盡量避免一開始就太強烈的情緒，因為沒有被經過梳理引流的情緒是無法傳遞給學員的，反而會顯現台上與台下間氛圍流動的尷尬。

共識：將他們的需求引發出來，再將培訓目的與他們的需求聯繫起來。雖然許多人進教室前都是知道課程主題的，但每個人來到這裡的真正動機也許不盡相同，聰明的講師會做一個提昇共識的橋段，這對於學員提高學習意願很有幫助。

提問：高階講師可以透過問問題來了解學員的期待位置與需求，甚至可以透過互動方式調整範疇與氛圍。當然問話技巧是另外一堂高深的學問要去精研。畢竟好的問題比好的答案更有力量。而講師問了蠢問題

反而容易將自己絆倒，所以問題需要事先設計好。

肢體：身體要保持柔軟又有精神，適時走位和刻意練習的姿勢與眼神運用，都是可以拉回學員注意力和講師自身緊張感的好方法。

語言：在網路上的授課語速可以依照課程需求後製調整，沒聽懂的學員可以回放調頻；實體課程若是語速太快會有壓迫感，也因為無法重來而限制學員的吸收。

資訊：資訊量太多不一定是好事，每堂課程的講師都要知道甚麼是該堂課的精華，也就是所謂的「重磅訊息」，至少要完整地將這些重磅訊息讓學員吸收進去。一堂課只要有幾個非常有用的資訊讓學員學到就會有好的回饋。另外如果是學術型量大資訊是無可避免的，那就不能沒有明確的分類和層次感，這樣容易讓學員變成豆腐腦而當機。

邏輯：不合邏輯的解釋、跳躍的主題、課程核心架構沒有建立起來等錯誤較常發生在初階講師，建議課前 PPT 要跟前輩們請教並反覆練習及順稿。

解釋：沒有關於如何或為什麼或給出例子的明確解釋，任何講師自己提出來的問句自己都要能收尾。既使是學員提出來的問句，不知道如何解釋也要願意承認自己不知道這個答案，但願意課後查找相關資料後告知，忌諱不懂裝懂亂說或硬坳，這對於 Z 世代的學員而言，講師這樣做反而會被看輕。

練習：「沒有練習，沒有學習」一直是我的的教學理念，如果授課時間充裕，給學員實際練習是最好的教學方式。

檢查：檢查學習很重要，講師要不時在各個段落停下來檢視學員的學習進度和吸收理解度，以免有落後的學員已像脫隊綿羊不知所措。

思考：設計一些章節讓學員思考，思考可以衝擊舊思維，經過重組的學習讓新思維有立足之地。

視覺：網路新世代的人們習慣影音視覺的傳達，未使用視覺支援的課程顯得枯燥單調。如能現場「演示」是更好的課程表示方法，講師的功力與臨場反應也最能彰顯出來。

目標：如果課程進行中有設計應達成的目標，那麼檢查目標達成率的「學習總結」就很重要。好的總結是很有力量的學習，要讓學員不膠著於結果的好壞、輸贏，而是從過程中發現自己的起心動念和行為慣性，這樣學員必能對自己創造結果的能力有更深層的理解。

理解：上面講到學習總結的重要性，而其中最大的學習關鍵在於學員的理解，要確保講師想表達教授的課程目的學員都能完整收到，所以「檢查理解」就非常重要，絕不能忽略。

表揚：課程的結尾最好是情緒高脹和熱烈的氛圍，獎勵與表揚是一種非常有用的激勵、讓學員帶著成就感賦歸是最美好的結尾。

講師們的壓力管理系統

　　「情緒」是人類最原始設置的人生導航系統。人類因為有情緒我們才能完整的將自己的內在與人溝通。雖然情緒看不見也摸不著，但所有人都無法忽略情緒的存在。講師最大的能耐是透過掌握自己的情緒將自己內在的信念、觀點、思維傳遞給所有學員，不要只聚焦在你說出口的，而忽略了最重要的情緒傳遞，因為後者力量更強大好幾倍！所以，每一場演講開始前，講師不是該緊張的背誦演講稿，而是要醞釀與課程相關的情緒，以便讓自己在站上講台的那一刻，便已經帶出課程中要表達的情緒氛圍了。

　　恐懼，是人類能生存的關鍵能力。我們要善用恐懼的情緒，而不要抗拒它或試圖否認它，我常常跟要上台的講師說：上台前有緊張或恐懼感，對一個講師而言是好的事，這代表你很「在乎」。如果有一天你上台前你已不緊張也不恐懼，這有可能你已進入了自動化系統。自動化能使你的表現維持在一定的水平之上，但也正代表你已經沒有在課程中做出伸展或突破了，而一個講師若停滯了，也就代表他正要開始退步了。所以說，還能感受到恐懼是好事。

　　觀察講師們的情緒狀態是教練的重要功課，當他們坐立不安、臉紅冒汗、表情僵硬、口乾舌燥而猛灌水、來回跑廁所、脾氣突然毛躁等等

徵狀，都是正常的緊張反應，我會過去拍他們的肩膀打打氣、讓他們做深呼吸的交感神經平衡練習，或刻意站在他們身邊陪他們聊聊天轉移焦慮。授課中萬一出包或錯詞，我也會站在遠處給予精神上的鼓勵與依靠，或是以幫忙拍照為由遊走在會場中，刻意讓他們看見我而覺得稍許安心。

建議每個人都要像刷牙洗臉沐浴一般，每天清理自己的負面情緒。現代人有太多的壓力緊繃和憂慮悲傷，憂鬱多來自對生活的無力感，我們要有意識的每天打掃內在世界，這真的是通往平靜快樂生活的幸福能力之一。規律的寫作、禱告、冥想及自我對話都是很棒的清掃心靈方式，希望大家擅用。講師往往承載著許多巨大無形的壓力，有時候難免會有被掏空的感覺。無論自己的人生發生甚麼事，一旦拿起麥克風，就是有義務要傳遞正能量，所以我們不能輕忽自己的內在需求。

曾聽過一句話，不是情緒破壞我們的人生，而是不被承認的情緒使我們的人生失去平衡。所以我們若能每天空出時間練習承認自己的情緒，傾聽及接納自己的聲音，察覺自己沒有被滿足的真正渴望並找回自己的力量，這樣操練自己內功的講師才能將講師之路走得更遠、更長久。我們終究無法教會別人我們沒有的東西。唯有我們是一個「勇者」，我們才能教會別人如何愛、如何創造價值。

最後，祝福所有內在充滿力量與對生命抱持熱誠的講師們，能在這一生以自己的專業及才華，讓自己及我們的孩子們未來的世界更美好，更幸福。

挖掘天賦成為好講師

—— 白傑主筆 ——

道術勢企管顧問公司總經理

英國天賦源動力系統（Talent Dynamics）華文代理

百大企業御用人資顧問，以英國天賦順流致富 GPS 系統華文代理優勢，搭配
獨家人才發展訓練系統，幫助多家公司提升團隊績效。

南投仁愛鄉（布農族）

道術勢官網網址：dsseg.com.tw
想了解更多請進道術勢官網

言行一致翻轉人生

　　我認為好的講師，不只是為了完成訂定目標，更不只是為了賺錢。更多的時候是能夠「言行一致」地，把所說出的承諾與願景實踐完成，以身做則地將所有在課室內傳授的技術，真正的運用在生活之中，並且透過運用所累積的經驗，歸納出最佳的方式，再次透過舞台，將這些經驗傳承給來到他面前的學員。

　　從前在行銷的過程裡，我享受在認識各式各樣的人與環境氛圍，透過聊天交流是我覺得非常開心的事，而且可以侃侃而談。但是這個過程裡，我卻有個致命傷，就是一直遲遲不敢提出締結的要求，「向客戶談收取該付的費用」的恐懼信念，感覺一旦談到錢就會破壞雙方好不容易建立的友誼。當時也不明白原來這跟我的天賦特質有關連，只是覺得要突破這個盲點，對我而言真的相當不容易，可是為了能讓辛苦一輩子的雙親可以早點退休，咬著牙也要想辦法撐過去，在不斷突破自己內的屏障後，收入的確有逐漸上升。

　　在這段挫敗的經歷過後，我看見了另一個輪迴，因為我太愛面子，在帶領團隊的過程裡，無止盡支持底下的夥伴，導致不斷的透支自己的金錢，用後金補前金，因此存不下任何資產，也沒有完成當時對自己許下的承諾。直到了我 29 歲當兵的時候，痛定思痛對自己說，一定要在當兵退伍之後好好的再拚一次！我也更清晰自己需要再補足其他的能力，再來挑戰市場。當我退伍之後，我立刻先去上了一門課，而這個課程讓我有了非常深刻的影響。

成就來自銷售激勵、成功學、還有內在覺察的啟蒙

在小時候原住民的身分總是成為被人取笑的對象，甚至被直接叫山胞，再加上學習環境的資源並不充足，我更想要透過自己的努力建立成就，期待能夠改變多數人對於原住民的刻板印象，也因此開啟了我的學習之路。

這個過程當中透過了銷售激勵與成功學，還有內在覺察的三階段課程，讓我變得更充實。反而讓我的原住民身分，有一個特別的詮釋與呈現，這當時也是我始料未及的事情。

當心態轉換後，我花了不到一年的時間，賺到了過去沒有的收入。透過這樣的成長與轉變，我開始覺得，有計畫的訓練是一個很有使命感的行業，不僅可以讓生命因為教育而被徹底翻轉，而翻轉的生命不僅僅可以影響一個家庭，甚至是社會。

我的啟蒙教練在和我差不多的年紀時，就已經是帶過上千人課程的優秀講師，我期望自己能和他一樣成為具有影響力的講師，並且學習在家庭、事業、進修間取得平衡，再者，透過幫助他人，成長、覺察、蛻變、突破，非常的有成就感，完全符合我這輩子最想要完成的願景！

初入培訓業的時候，我的教練幫我打下了很穩健的基本功，從一開始的沿街拜訪，到最後走上演講舞台，真正的拿起麥克風講課，歷經了一年的時間，由於過去的組織行銷經驗，就僅止於案例分享，並非真正具備職業的老師階段，此時更明白何謂「隔行如隔山」，如果要成大器，必須深耕底蘊！

有了這些年厚實的基礎，在最近的五年間，拿下了「天賦原動力」的華文代理，在授課的過程中，運用了許多與天賦系統相關的執行方法，大幅縮短了公司組建與團隊領導所需的心力，而在授課時，也透過不同

的屬性能量，找出相對應的教育模式，接下來的內文，很值得身為講師，或是即將成為講師的您，細細咀嚼。

講師「如一」的層次

「人生永遠都會遇到很多不同的狀況，而我們能做的，就是做出正確的選擇。」，在每個選擇之間，從內心出發，選你所愛，愛你所選，找出屬於自己的天賦屬性，為自己與生俱來的喜好持續不斷付出努力，再從結果去驗證自己的努力與行動是否正在一個正確的軌道上，焦點與心態持續的對頻，堅持到底的最後，人生會給你一個美好的答案！

一個人的言行舉止，都是其修為所在，而修為也如同蝴蝶效應，能為學員帶來巨大的且長久的影響。講師也必須鍛鍊見微知著的能力，透過看見事情的微小線索，就能知道甚至推論它的真相及發展趨勢，因此在修為的層次上，有著四種由淺入深的層次。

過往的心理學探討中，曾有過這樣一個問題：「假設一個陌生人來到你的面前，他的哪種行為會讓你認為這個人值得深交？」其中多數人的回答是：「言行一致，信守承諾」。可見，言行合一對一個人是否值得能夠開展長久的關係，與維繫之間的情誼中，佔有很高的比重，言行合一也是講師與學員互動之間，令學員可以真正的信任，將心門打開，更投入在學習的過程之中，達到更好的學習效果。

心力全力開啟講師路的重要契機

真的好講師，精神不朽。言行合一，是好講師的根本基礎，才有可能為天地立心；知行合一的人，才有機會為生民立命。

心口如一的人，才有能力為往聖繼絕學；始終如一的人，才有機遇為萬世開太平。人生的修為，歸根結底。就是誠實待人，嚴於律己；就是格物致知，知行合一；就是抵制誘惑，謹言慎行；就是做人有原則，處世有標準。

　　也就是因為這樣為什麼要找尋到自己天賦，是因為好多的講師，很多時候都是外在刻意練習而成為講師，當然並不是刻意練習不好，而是刻意練習外在會花上大量的時間跟精神，還不一定可以做出結果！而關鍵就在於人生的時間有限一天的精力也有限 !!

　　很多的講師有了名氣，擁有了金錢、名車達到了追求的目標，但是卻失去了愛情婚姻，甚至健康，這是我們人生要的嗎？拼盡全力，拼的是心力而非體力，我們很常聽到用盡全力，或是百分百的朝目標前進，這就很像肌肉的原理，把肌耐力撐到極限後，盡可能再多做一點，讓肌肉纖維被破壞後，隔天就會更壯一些，日復一日，就會在鏡子裡，看見一個不一樣的自己。

　　而肌耐力的鍛鍊產生出的變化，就如同我們在每一天，全力以赴的完成當天的計畫，產生出每天的小結果，時間複利下，絕對會發現自己比從前大幅的進步！而這樣鍛鍊的叫做「心力」，而非體力，怎麼說呢？我們每天的精力與體能是有限的，如何運用最佳的精力值，將心力的可能性開創出來，讓自己可以在充沛的體力下，完成目標，就是一個讓「心力」全力開啟的重要契機。

　　在五年前剛開公司時，我跟我的恩師花費鉅資去澳洲墨爾本拿下《順流致富 GPS》系統的華文代理。因為做培訓的前四年運用了教練技術，能夠幫助學員在內在層次的提升，放下過去的糾結，因而可以進行到區分然後定位方向，了解未來有很多的可能性，創造是自己可以決定的選擇，透過自己一步一腳印的鍛鍊，看見了有很多信念，得以去全力以赴，

但是當有了內在的力量，搭配行動的時候，在群眾的洪流裡，很容易會有其他的狀況發生，例如，用錯了學習的方式，以至於徒勞無功，造成自信心下降進入一個負向循環。

於是，我跟我的恩師看見了天賦原動力的價值，因為如果我現在的培訓公司只能造就 20% 的成功人士，這樣子我會覺得很遺憾，因此當看見了天賦原動力的系統後我們覺得非常的神奇，透過系統的分類每一個人都有自己獨特的成功路徑，這是我們看見這一套系統的價值，於是我們很想要能夠將這套系統從英國帶回來台灣，能夠改變他人使用生命的效率。

在取得代理後開始進行市場的推廣，當時碰上的挫折是，在一年半內，公司有一半以上的人員離開，其最大的因素為，由於推廣的策略錯誤，導致營收不如預期，在營運與金流的盤整過程出現很大的危機，而同時面臨到的巨大關卡來自於當時正在籌備一場天賦的推廣大會。

我記得在那個當下，我只想全力以赴的完成這個看似不可能的任務！為什麼是不可能的任務呢？在活動開始的前一天，公司還有一百多萬的缺口，如果沒有這筆資金，這個大會就不能順利舉行！而最終，在活動前的最後兩小時，我動用了身邊所有的資源，奮力一搏，完成了這個任務。我很感謝當時那個全力以赴的自己，打開了「心力」的全方位可能性。

講師的訓練過程為何要拼盡全力的原因，在於真正訓練的時候，要為每一個生命負責任，因此我們在訓練的過程裡，必須要不斷的擴張講師的內外在的格局與素養。

除了外在的技巧要不斷地突破外，內在的信念也要不斷地打破與強化！每個人的歷程皆是不同，信念也會有所不同的執著，最重要的是願意覺察，做出跟過往不同的選擇，並相信自己能夠創造出可能性的潛力。

講師要明白所有來到我們面前的每一個人，都是一個不同的生命。

生命當中最寶貴的不是金錢，而是時間。所以學員也是用了生命裡面最寶貴的時間，來跟我們學習，所以如何創造彼此最大的價值，必須要先懂得焦點在學員身上，而且要活在當下，百分百的支持對方。

所以，如何透過找到天賦成為好講師，讓自己在講師這個道路上面可以事半功倍，達到順流的狀態，及明白逆流該怎麼應對，是非常重要的。

我們要盡可能在人生有限的時間內，跟有限的精力中，找到可以持續有能量、熱情的方式，讓結果變得容易，才會產生更大的信心，最終成為一個有結果並且平衡人生的好講師。

我看見大部分的人生，都是從操練逆流開始！甚麼是操練逆流呢？其實我們每個人都有與生俱來的優勢與劣勢，但大多數人都會專注在自己的劣勢上，期許自己成為一個各方面都具備能力的人。

但實際上這些劣勢的操練，需要花費大量的時間與心思，但還不一定有好的結果，或是結果的呈現要醞釀很長的時間，有時根本還沒看見，就已經失去信心與熱情。而我們在談的是，透過我們這套《天賦順流致富GPS》系統，做四能量天才的測驗開始，先從天賦的順流之道中，去挖掘出讓自己開心愉悅，且符合熱情所在的方法，才能創造出一些好的結果，加強對自己的自信心。當自信心越來越強大，再來操練逆流，才能夠快速的掌握自己的順流向與逆流向，讓時間與心力的付出，可以有著倍數的收穫。

如果講師直接從逆流開始做操練，只要肯下功夫與苦心，大多數講師依然會有結果，但這些結果能否持續，且穩定成長，都是在培養過程中要特別留心的事情。當一個人花大量的時間與心思投注在這些產出結果的過程中，通常需要犧牲的，就是與家人、親密的伴侶、親子關係的建立，甚至是讓自己放鬆的時間。

當犧牲了這麼多後，在一開始的結果上也許有了成就感，但是之後會遇到更多不同的關係的挑戰，同樣會影響自己，開始產生新的壓力，在筋疲力盡之後，沒有餘力可以繼續更好！而我們提倡的是，先從順流開始，然後協助自己找到「黃金三角」的團隊成員，讓整體的運作可以順利進行，同時令團隊成員溝通更加順暢，共同產生好的結果，在開心愉快有自信的狀態下，再來去操練逆流。

身處逆流間的渾沌狀態

混沌狀態是很多人在面臨講師之路長期的挫敗打擊後，很容易進入的狀態。在這個狀態裡面會不太清楚自己到底想要的是什麼，或者什麼才是自己真正要的，以及如何可以比較快速達到成果，講師訓練的過程很難在這個狀態裡面發現自己的價值。

而一般渾沌狀態都是因為操練逆流，一直沒有結果，或者是很幸運的已經找到自己天賦的熱情，但達成目標中間還是會面臨挑戰跟弱項的提升，在這幾點一直都沒有突破的情況，造成容易在混沌裡面轉圈子，找不到出口。

例如我自己在 20 歲到 28 歲賺到的錢，大約有 1000 萬，卻沒有辦法買車買房，或是存到一定的積蓄。原因最大的關鍵在於沒有完整的金錢觀念，而沒有存下錢的主因就是愛面子到處請客，把自己的理想願景放得太大，覺得自己未來會賺更多錢，沒有好好的使用金錢去累積自己的財富。而數字與數據分析是我這個天賦能量屬性「支持者」，最大的挑戰之一，但是在當時還沒有接觸到《天賦順流致富 GPS》系統，所以不明白其中的轉圜點，更別說運用系統中的黃金三角理論去穿越這個挑戰。

然後也因為我的天賦能量屬性，跟我父親非常的不一樣，造成他的強項就是我的弱項，我們是相反的極端兩種屬性。而在他的觀點中，會認為他辦得到的事情，為何我做不到？在這樣不理解彼此的情況下，跟他開始有了衝突，他當時覺得我不穩定，以我小事都做不好的狀態，怎麼做大事？我們一度兩個人大吵好幾個月，冷戰了一段很長的時間，當時我氣惱的是自己的結果怎麼不如預期，也氣惱為何父親對我如此不了解，在這樣關係發生很大的摩擦時，也很容易進入混沌狀態。

　　同樣的天賦能量屬性的不同，讓我在親密關係間也吃足了苦頭。我和我的太太，在過去的時候也因為不理解彼此的天賦能量屬性，而造成我們彼此都想要把對方從對方的順流拉到自己的順流，這樣的行為卻變成逆流，讓彼此間有很大的不舒服，不僅耗費彼此的能量，造成很多的吵架，甚至是傷害與不開心，差一點沒有辦法繼續往下走，直到我們了解了彼此的天賦能量屬性後，知道了很大的差異點，開始因為理解而包容。

　　現在因為有了這套系統，所以可以清楚知道如何訓練每一個人，如何知道每個人的順流強項是什麼，挑戰跟弱項又是什麼，讓誰來補位的條件也更清楚，也能找到誰是優秀的支持力量，然後進而達到團隊協助，讓結果不斷持續的產出。每個人開始不在渾沌狀態裡，而是進入順流狀態，如何要進入財富的豐盛狀態，就要從爬升層級開始挑戰逆流。

　　所以過去沒有這個系統的時候，我在20歲到28歲換過三個公司，因為團隊人數上上下下，人員進進出出，大家有很多的衝突磨合，以及收入當然就也高高低低。自己還可以靠個人能力賺錢，但是要能真正的做到被動收入，打造系統財富的理想一直都無法完成。

　　包含五年前公司剛開那個時候，也還沒有好好使用這個系統，理解他怎麼樣去做很多的應用而造成我剛開始的團隊，同樣的也從九個人變

成三個人，直到我們百分百全力用這套系統從三個人到現在將近 20 人，然後營收從幾百萬到現在幾千萬！

多數的講師為何逆流操練在講師的培訓過程中，一定都有聽過「師父領進門，修行在個人。」，每個人都會碰到生命中的恩師。而我的恩師也都是四個能量天才八個屬性的講師之一，而這個過程中有可能不會是相同的能量或屬性的師徒或者上下關係！就很像我之前跟我的恩師一樣，他做的方式我覺得很棒、很厲害、很嚮往，我也想要跟他一樣。但往往他告訴我怎麼做我去執行的時候總是會有卡點，然後很耗能量，且效率不彰。通常我們會說這就是逆流了，但是只要投入大量的時間，只要堅持不放棄，基本上還是會有一個雛形。但是就是會跟原本做出來的那一位會相差甚遠！自然而然會覺得沒有信心，或者覺得自己的老師不像原本自己認為的優秀，而看到別的老師非常的棒更覺得是自己要跟隨的對象，就這樣子一換再換，同樣的事情一再發生也開始有了很多的挫折跟失敗，漸漸的也就放棄了，最後會走到負向循環的路徑。

在負向循環中，我越主講越沒有信心，是因為一直收不了單，甚至後來都不敢告訴別人價格，然後一直被回饋逃避這件事情，再來就是一直覺得講課的內容卡卡的，總是沒有辦法把我自己釋放得非常好。一直到我代理的天賦這套系統，才發現原來當時我的教練是「明星」偏「創作者」的屬性，所以他能夠信手拈來，也能很有狀態、很敢說，他讓能量放大到震撼全場。

直到有一次，他告訴我不要再講他的內容，叫我設計自己的內容，起初我還在想為什麼？後來當我去做之後，就越來越有能量，越來越有自信，然後頭三場講的讓大家都很有收穫，反饋很好，自此之後我對我自己的講師之路更有信心。

有一次印象很深刻，整班 90% 都是我帶進來上課的人，然後他們上

完課程在最後的分享上面，一個一個感謝我，過程很感動，眼淚都停不下來。現在的我們還有保持聯絡，他們在人生裡面的關係以及他們的事業上面都有越來越好的表現，而我想這就是我堅持到現在的原因。

順流中的豐盛，超乎你的想像

超少數講師走在順流操練上，我認為懂得察覺的講師，或者像我的恩師，一樣叫我自己找出自己的路，而不是像其他人叫你不斷地複製，還有極少數很幸運的人，剛好就在自己順流的上面。

而什麼叫順流？也就是會做到廢寢忘食，時間過很快，然後精力雖然會消耗，但能量不只不會降低，甚至還會增強，然後每一天、每一週過去，氣場也會不斷地更上層樓，當然結果相對容易，比較有自信，會更上升會走到正向循環上面！

那該怎麼開始呢？簡單來說就是先做四能量天才的測驗，然後找到我們培養的諮詢師，去了解四能量天才，相對適合學什麼樣的東西，然後要怎麼樣呈現、最喜歡什麼樣的方式，這些是一個開始。

那什麼是氣場呢？簡單來說，就是在講課的環境裡面，會有所有人散發出來的能量場。而這個能量場會有很多情緒在裡面，這樣的情緒要有現場的講師來把它集中，並且透過訓練調整成正向積極並且有可能性的信念，回到每個人身上。而氣場伴隨著到底能夠講多大，能讓多少的人採取行動並且這個過程又可以創造多少的效益，當然越多越大氣場就越大。想像一下，就很像歌手在台上，他能夠唱多大的演唱會，然後有多大的共鳴，以及能夠收多少的演唱會費用。

在 2017 年過完年，我的教練告訴我，你要不要自己開你的培訓公司，代理我們的課程然後他有他的人生規劃安排，我可以自己掌握一切，

做我想要做的內容以及想要做的公司的發展。

　　當時我的確很想要有自己的公司，當時我的計畫是在 40 歲，或者最早 38 歲時擁有但是當時的我的年紀才 34 準備邁入 35 歲，我老婆非常的擔心，因為畢竟講課，跟開公司是完全不一樣的層次，甚至要投注的資金、心力更是不一樣的等級。

　　當時我的想法是，如果我可以讓我的學員能夠取得成果的機率提高，我會很願意去發展。但是如果是沒有辦法的話，對於培訓業的內容確會有一些疑問，因為當時已經累積三年多的時間，在培訓業發現很多人的關係的確因為我的課程更好，但是很多人的結果卻沒有很有效的展現出來。而我每一天都要安排跟學員的見面，然後聆聽、發問、區分、回應，協助他們能夠趕快有結果，而這個過程中真的花了很多的時間卻沒有太大效益。

　　所以我那時候就在想，如果我今天要開公司，我一定要有一個方式，讓學員學習完之後會更清楚知道如何創造出結果！我就是這樣的信念，不斷地傳遞出去，才有人讓我知道原來有一套系統，叫做《天賦順流致富 GPS》系統。

　　我開始去了解、學習，然後這個過程我告訴我的恩師：「這系統絕對可以幫助學員，更有效地在人生的旅途上創造出結果！」，所以我跟他去跟創辦人羅傑．漢彌爾頓，拿下代理，而這個過程中我一切全部都只是直覺以及使命感推動著我。

何謂天賦原動力「打開你的天賦 GPS」

免費四能量天賦測驗：line://app/1655834037-1IPyMvml?ref=1952232&id=1952232

你的天賦在那裡？
為了提高準確度
1.請找一個不被打擾的地方.
2.回答問題請用直覺回答
3.每題回答時間勿超過 7 秒

　　在實踐人生理想的路上，80% 的人都曾經歷過「迷路的狀態」，有些人有目標與決心並相信自己可以做得到、不斷在學習成長、也為了達成目標不斷嘗試各種行動，但夢想卻一直只是夢想。在「實踐人生理想」這件事情，其實有個天賦 GPS 它能協助你「指引」與「定位」，往你要的目的地順利前進。

　　你的天賦是什麼呢？你有注意到嗎？世界上富有的人，他們都專注在自己天生的順流路徑而致富。而你跟他們只有一個差別，那就是他們很早就用最順其自然的方式獲取財富，並且專注在自己熱情的領域上！如果能提早透析自己的天賦所在，運用一套架構好的法則運行，讓自己可以順流致富，你可以少走一些冤枉路。你是八種天賦屬性其中的哪一個呢？

　　是誰創造了這個系統？

羅傑.漢彌頓

　　英國知名商業電視網絡 YourBusinessChannel 的定期邀請商業專家，由美國前總統比爾．克林頓創立的克林頓全球倡議組織的成員。他的書 TheMillionaireMasterPlan(台版譯：順流致富 GPS) 於 2014 年在《紐約時報》

排名暢銷書。2017 年，他的渡假公司 EntrepreneurResorts 在塞舌爾證券交易所上市。是一位世界著名的社會型企業家，他是企業家研究院的創始人，同時也是 # 天賦原動力與 # 財富光譜系統的創始人，在全世界已經超過 50 萬名企業領導人採用他的人才分析系統。羅傑. 漢彌頓出生在香港，目前住在峇里島。曾在劍橋大學接受教育。在獲得建築學學位後走上創業之路，因為當時的他發現自己對於開創事業的興趣，會比蓋一棟房子還要高上許多。所以他在二十多歲就經歷過無數的創業失敗，賠了好幾百萬美金之後，才在 30 歲時成功建立起自己的事業體，在事業上獲得巨大成功，財務自由。他從中學到的是需要製定成功與失敗的計劃。目前經營多個事業體，包含出版、房地產、金融、工商會展統籌服務、渡假村管理、培訓系統研發、創業家導師、企業教練、線上教育…等領域。羅傑公司的使命是全球共富，透過環境、教育和創業三種催化劑來共同創造更光明的未來。

讓西方的天賦系統進入東方的推手

　　運用這個系統的契機，是因為過去做教育訓練的時候，發現學員普遍學習完之後關係上的改善都蠻大的，但是在工作或事業上面的結果，並沒有非常的顯著或者有效率！所以當時決定要開公司的時候，就一直在釋出一個訊息，有沒有什麼樣的系統，可以幫助學員更有效地產出結果！而透過朋友得知有一個系統在談八屬性，可以因材施教，我就決定去了解。了解完之後發現不只是可以快速的找得到天賦的四能量八屬性，如何的使用自己，然後了解別人使用別人之外還有一個財富光譜，可以很清楚的知道自己在什麼樣的財富的層級，然後如果要往上爬可以運用什麼樣的策略搭配不同的天賦！

後來代理拿回來之後，發現測驗完可以做諮詢甚至是成為諮詢師，是發明人他們有的一個系統模式，但是後來我們發現不太容易落地在華人的市場。原因是因為兩邊的觀念很不一樣，所以順流致富 GPS 這本書其實一頁一頁看很難使用！

而後來我們不斷地發展出更適合華人應用的方式，讓書可以跳著看，甚至是有些頁數不看搭配自己的天賦！甚至後來我們開始有了課程，去做訓練讓更多人了解怎麼應用這套系統，而實際上我們花了將近三年的時間，自己才真的用的出來，並且教的出來，讓學員也用得出來。

現在很多學員的成果越來越明顯，無論在打造團隊上面，以及使用團隊、了解團隊，降低溝通成本都有非常大的幫助。當然用在自己的人生的順流上面，更知道自己的使用說明書。但是這三年實際上並不是那麼好推動，一直等到越來越多人相信我們並且來學習這套系統開始口耳相傳才讓更多人認識這套系統，到現在開始賺錢然後有更多有影響力的人有結果的人都來使用這套系統。

什麼是順流致富 GPS?

主要分為兩大部分，一部分為個人天賦測評─「天賦原動力測驗」，以及財富收入等級（財富光譜）的提升路徑。

現今企業面對的兩大挑戰，就是如何讓基業長青且不斷成長。企業的健康跟人體的健康其實有類似的地方：當人體當中每個細胞的健康與成長狀態都完善時，整個身體都會健康；同樣的，企業的健康度也可以由兩個面向來觀測度量並且改善提昇。

人格特質分析的歷史

天賦原動力的原理根基於古老的智慧與長期的研究。其起源是有5,000年歷史的中國古老思想系統－易經，這本書是由中國歷代的帝王與導師發展與記錄下來的。1923年時，傳教士尉禮賢（RichardWilhelm）翻譯並出版了易經，才將這本書導入西方世界。他在1920年代初期，在蘇黎士發表相關演說時，榮格也是聽眾之一。榮格在認識尉禮賢之前就已經依據易經的概念進行了不少實驗，且將許多觀念導入其【心理類型學】一書以及他的「共時性（synchronicity）」理論之中。榮格是西方心理分析測驗的先驅，而其研究成果亦為今企業使用的各種心理分析測驗的基礎。

天賦原動力獨特之處在於它進一步連結到易經當中，被榮格選擇不要納入的一些元素。中國的古聖先賢們常提到五種自然的「頻率」，每一個頻率都連結到一個季節。我們可以很容易地就在周遭的人們的性格特質上，觀察到這些能量類型。

每個人都具備這幾種能量的，只是比例各不相同；這些能量是構成「我們是誰」的一部分。在你的天賦原動力測驗圖表中，就可以看到你的能量組成狀況；你會看到每個能量都有一個百分比，這個百分比是依據你對測驗問卷的答案而得到的結果。你所得到的百分比，決定了你是八種類型中的哪一種，以及你的兩種次要類型。在後續的內容中，你將會瞭解這八種類型的人是如何因其能量比重的不同而有所差異。

透過四種能量延伸出的八種屬性簡介

創作者

創作者是最佳的計畫啟動者，他們雖然很快就會製造出許多混亂，但他們也可能出人意外地找出脫離混亂的創新方法。讓他們來負責啟動

新計畫，不過當他們完成任務之後，便應該要他們轉移目標，進行下一個創作。

明星

明星是最佳的推動者，但他們需要在幕前領導。讓他們有機會發光發熱，讓他們有空間可以實現結果，而不要試圖綁住他們。給他們適當的系統和支持，讓他們能專注地建立新事業。

支持者

支持者是最佳的領導者，但不要期望他們能自己想出新計畫。為支持者提供計畫並設定出目標，然後讓他們領導團隊來執行計畫。讓他們建立自己的管理作風與時間排程。

媒合者

「媒合者」是最佳的調解者或者說和事佬，他們會讓每個人都感覺很好。不要要求他們坐在辦公室打陌生電話，因為他們在強化既有的關係時才最能發揮所長。與「媒合者」合作滋養團隊中彼此之間的關係。

商人

商人是最佳談判員。他們總是知道要用誰、以及怎樣的系統來提供服務與支援，才能建立起最高的客戶滿意度與忠誠度。他們在能獲得明確的指示時表現最佳。

積蓄者

積蓄者是團隊的最佳大使。他們可靠，會準時完成任務，而且不輕易做出倉促的決定。當有既定任務需要確實完成時，積蓄者會是最佳的專案管理人。

地主

地主型的人是最佳的分析師。給予他們空間來研究細節並傳遞資料，別要求他們到外頭去結交人脈、花時間去建立關係或進行談判，因為當

他們專注於幕後工作時，才能發揮最強大的力量。

技師

技師是最佳完成者。他們會總結整個流程，並找出聰明的方法，讓下一次做同樣的事時更有效率。別要求技師從無中生有，而要給他們一個既有的流程或產品，要他們加以改良。

天賦原動力的企業使用面向

天賦原動力是透過強調創造價值的方式來達到「基業長青」的目標，並透過度量觀測「信任」度的方式來衡量企業創造價值的能力。當我們看不到價值所在的時候，就會不再信任對方，而「流」也就停滯下來。每個【天賦原動力】類型都有天生就比較被信任的領域，同時也有本質上就不容易被信任的領域存在。比如說，「創作者」型的人在構思新點子這方面會很受信任，但卻不見得每次都會準時完成，或者很可靠地完成各種例行性的工作。有趣的是，我們最受信任的領域，通常都是我們會最自然朝那個方向走的領域，因為它往往也是我們最喜愛、最有共鳴的方向。在建構團隊時，如果能讓每個團隊成員都信任彼此的強項，同時又能支持自己的弱項，那麼團隊的互信度就會提昇，進而擴及整個公司；而這就能創造出更多價值，進而讓企業長久續存。

什麼是順流方程式？

順流方程式是一個神奇的天賦認知體驗。通過體驗式的教學與實際案例分享，讓自己對於自己的天賦有深入的體悟，也對其他天賦的人有更多的理解與認知，也清楚自己的定位與方向，能更明確的掌握向上爬

升財富層級的關鍵步驟是什麼？甚至透過活動來進行不同天賦的合作，達到真正有效授權，分工合作各司其職，打造出順流方舟。無論您是初次創業還是已經建立團隊並準備成長，順流方程式都會挑戰並支持您發現更多可能，並創建理想的團隊模型和清晰的步驟與計劃，以幫助您的人生順流取得成功。

　　與其他人格分析系統非常不同的一點是，【天賦原動力】與「時間」的循環之間有緊密的關聯。這一點對變動快速且劇烈的今日世界而言極為有價值。每個事業體都會經歷 8 個不同的階段，這 8 個階段又與 8 個類別息息相關；而每個產業則都會經歷跟四季相似的循環。在企業經歷各個階段時，會需要不同的領導風格才能順利前進。而頻率與季節變動之間的彼此協調，則是《易經》－書名的意思是關於「變」的一本書的核心哲學。

　　在【天賦原動力】矩陣中有列出兩種不同創造價值的不同途徑以及兩種進行槓桿借力的方向。「槓桿借力」是要讓企業獲利成長的主要驅力，而要做好這一點，則需要深入領悟如何以更少得更多。在【天賦原動力】中，成長是透過槓桿借力來達成，而其衡量方式是透過「順流」的程度。【天賦原動力】中的每個類型各自都能在不同的領域中，協助他人提高順流程度；反過來說，每個類型也各自都有會阻礙他人順流程度的領域。舉例來說，「創作者」型的人在需要發想創意時，就可以讓團隊順流程度提昇；但如果讓他負責需要準時完成的事項時，他就可能成為他人順流的阻礙。常見的狀況是，企業與團隊目前用來把各項事務完成的方式並非最佳的解決方案；主管們必須要親身告訴每個人該做什麼、甚至有時還會有整個部門都在阻礙公司的「流」的狀況。【天賦原動力】可以把路徑中的阻礙排除，並且帶來能讓效率與生產力大幅提昇的正向改變，進而讓企業在營收與利潤上都獲得整體成長。

找到你的四能量屬性

我們每個人都天生就對某些事物特別擅長，但隨著年紀增長，我們發現有越來越多自己不擅長的事情。我們對這些事情處理不來，然後終其一生努力想強化我們天生的弱項，卻把自己的天賦強項視為理所當然。就像在學校裡，每個孩子都有不同的天才但是卻用同樣的考試來評估他們的成績，當中有很多的孩子們就因為這樣失去自信以及學習的渴望與熱情，實在是令人惋惜。

當你其實天生就已經是你的時候，為什麼還要試著變成別人眼中期待的那個模樣呢？

其實你已經早已俱足需要的一切！在我們開始意識到自己擁有與生俱來的特質的當下，就像是被點亮了一盞燈泡，照亮了過往的成長路徑中，那些因為不擅長所造成的失敗，都只是我們「不擅長」而已的真相，反之可以透過察覺，看見自己如果要到達成功，可以不用如此這般的鮮血淋漓，不需要優先專注在自己的弱項，我們只需要依照一條能發揮自己天賦強項的路徑去實踐就好了。

四種能量分別為：

「發電機」型天才喜歡「創造」、「火焰」型天才喜歡「連結」、「節奏型」天才喜歡「服務」、「鋼鐵型」天才喜歡「細節」。

四能量天才介紹

發電機型天才——擅長創意擅長之處「創造」

發電機型天才擅長啟動與推動事情的進展，他們比其他屬性更能看見未來的可能性，甚至可以透過天馬行空的想法，打破現今狀態的固守

邏輯與理論，而維持注意力的時間則相對較短。

不擅長之處：把事情完成、判斷時機、周邊問題、集中注意力，處理人際關係，溝通出完整的想法或做法。

成功路徑：透過創新來創造價值。

發電機型天才很有創意、第六感敏銳、而且有能力與畫面來進行事情啟動，讓事情的推進更快。

失敗路徑：諮詢與商議只靠直覺。

發電機型天才不擅長時機點的掌握、服務以及感知他人狀態等範圍，除此之外，試圖扮演「鋼鐵」型天才也是其中之一。

相反能量的天才：「節奏」型天才

「發電機」型天才的成功者，都專注心力在「創造」上，不會太在意那些批評他們沒有條理或不太做社交公關的聲音，他們不會擔心自己有時會健忘或錯失小事，這些成功人士之所以能因為自己的創造力而被世人永記於心，是因為他們知道自己最擅長回答關於「什麼？」的問題。

火焰型天才——擅長人際擅長之處與人交談與溝通互動。

「火焰」能量的整個重點都在於關係，他們把人放在首位，樂於跟他們交談並聆聽他們的故事。他們透過講話以及說與聽故事來學習。不擅長之處：處理「細節」。火焰能量在分析與計算細節這部分最弱。

成功路徑：透過「放大」的方式來創造槓桿借力。

「火焰」能量要問這個問題：「我如何讓這件事只有透過我才能完成？」他們藉由培養人際關係的方式來建立自己的品牌他們擅長放大。失敗路徑：當「火焰」能量試圖要做倍增，透過不需要他們就能運作的系統來增加財富時，就容易卡住。

相反能量的天才「鋼鐵」型天才

許多充滿魅力的成功人士，都專注於在他們領導與建立關係方面的

強項，忽略那些針對他們不專注於數字上、或者通常不做通盤規劃的批評聲音，他們從不擔心自己經常改變焦點、而且不喜歡關在辦公室裡，他們會走出去、透過跟人相處互動來讓事情發生，並且讓過程有趣且充滿變化。他們在回答關於「誰？」的問題時，最能發揮長處。

節奏型天才——擅長感知

節奏型天才擅長之處：腳踏實地、處理大量的活動、實際動手做、跟人要求提供見證與轉介紹，不要要求「節奏」型天才開啟很有創意的計劃，但可以預期他們會把需完成的事情準時完成。

不擅長之處：創新、公眾演說、策略規劃、從大處來看。

成功路徑：透過掌握時機點的方式創造價值，如果「節奏」能量高的人能知道何時買、何時賣、何時採取行動、何時按兵不動，就不需要創造任何東西。

失敗路徑：「節奏」能量不善於無中生有，產生創新，試圖自己創造出一條成功道路，而不去善用他們天生的感知能力。

相反能量的天才「發電機」型天才

節奏能量的成功人士都專注於他們的感知能力與堅持力等強項上，忽略那些批評他們不夠強硬的聲音。他們接受自己做事時通常會小心翼翼、並希望能有多一些時間考慮。他們讓自己保持冷靜以及務實落地、並按著自己的步調走，因為他們是四種能量中最擅長回答與「什麼時候？」相關的問題類型。

鋼鐵型天才——擅長細節

擅長之處：「鋼鐵」能量高的人特別喜歡手冊、說明書、以及把所有小字全部讀過，藉此了解與釐清所有的資訊。

「鋼鐵」型天才會以自己的步調把事情做對，他們不會倉促行事，

且會仔細地創造系統來建立他們的財富流。

不擅長之處：閒聊與持續溝通。

成功路徑：透過複製的方式來創造槓桿借力的空間：「鋼鐵」能量的人會問：「這件事情如何在沒有我的狀況下也能做到？」他們透過各種系統來讓事情變簡單、變多以及倍增。

失敗路徑：「鋼鐵」型的能量往往會把發電機能量吸走，而與「火焰」能量的人過多接觸，也會干擾他們的思緒敏銳度。

鋼鐵相反能量的天才「火焰」型天才

「鋼鐵」型天才的成功人士都專注在讓自己的系統與資料管理領域持續精進，他們不會太在意批評他們不善於社交或對人不夠敏銳的聲音，他們接受自己喜歡獨處、且通常在獨立安靜的工作環境下最能夠發揮這些能量。他們聚焦與找到透過他們的系統來完成工作的聰明方式，因為他們知道自己最擅長的就是回答關於「怎麼做？」的問題。

四能量講師特質

發電機能量講師

發電機能量講師擅長之處，有創意、有故事、而且能讓演講變得有趣。

不擅長之處：簡報內容敘述的一致性比較難掌握，且容易太過展開導致焦點模糊，通常互動性一般。講師演講成功路徑：標語吸睛，透過反差來塑造講師形象。

演講失敗路徑：追求數據專業內容、內容太過發散、內容不足。

適合開課類型：行銷創意或商業模式的課程較有氣場，並且發想快速靈活應變，極具吸睛力，過程中會讓人目不轉睛。還有令人耳目一新

的感受，但最大的挑戰就是會讓人們沒有步驟去做執行較難落地。

　　例如，我看過很多的發電機講師，在台上可以言之有物，步調非常的快，但是都不會在原本的簡報上面，以及很大膽的預測還沒有發生的事情，因為他們看得到但最大的點，就會造成超時或者太大、太遠而沒有辦法被執行。

火焰能量講師

　　擅長之處：熱情善於炒熱氛，肢體語言也較為豐富。

　　不擅長之處：收集跟數據相關的內容來進行簡報製作。

　　講師演講成功路徑：跟使命願景或者關係課題有關的指引。

　　講師演講失敗路徑：捨棄跟人的互動，放在事情解決面向上，容易遭遇挫折。

　　適合開課類型：人際關係的經營或者銷售課，較有熱情，而且會與人互動肢體動作會比較大，極具渲染力，會讓人們想要採取行動，但最大的挑戰是，口述的部分需要圖片架構來做輔助，才不會讓人聽得精彩，但沒有下一步引發動機，例如，有些火焰能量的講師會的放大，會讓現場的聽眾聽得開心，但是沒有太多穩定的邏輯跟步驟，或是細節的應用部分，因此聽眾比較不知道該怎麼去做下一步。

節奏能量講師

　　節奏能量講師擅長之處：有步驟的進行由淺入深的演講，會透過與群眾的互動和觀察學員的肢體反應，去感受整場演說的能量流動，進而調整演講頻率。

　　不擅長之處：舉一反三、隨機應變，倘若發生前所未有的突發狀況，在危機處理與狀況排除的反應時間較長，節奏型講師需要透過經驗的累積，與事前的沙盤演練，加速狀況排除的時間。

　　講師演講成功路徑：先模仿相近屬性的講師演講方式，指導焦點放

在學員上，給予穩健的執行步驟。

講師演講失敗路徑：沒給時間做準備給資料做參考，或是需要創新的演講模式與風格。

適合開課類型：實際應用類型課程，例如房地產較有步驟，而且能夠同理別人，透過互動與傾聽，感同身受學員所經歷的過程。不過最大的挑戰是，沒有經驗過的事情，就不知如何去做，也不太會做出明確的執行命令，同時也會想比較多。例如節奏能量講師會比較溫柔，語速會比較慢，然後會有很多的互動，及覺察式的發問，但是隨機應變的能力，會取決在於自己累積的次數，以及資料庫，如果沒有做過，基本上不一定答得出來或者答的很好。

鋼鐵能量講師

擅長之處：數據驗證還有見證內容夠

不擅長之處：熱情待人，引發互動的部分需要透過反覆練習。

講師演講成功路徑：有大量的資料，焦點在解決問題。

講師演講失敗路徑：一直進行互動焦點，放在關係經營。

適合開課類型：經營管理或分析之類的課程較有邏輯，而且比較有畫面內容還有數據，以及比較多的佐證、甚至是案例。但是比較大的挑戰是，表達上比較平，可能沒有很有趣，所以會讓現場很容易能量降低。

例如，很多的鋼鐵能量天才講師，基本上因為他們講求專業，所以他們會有很多的數據跟內容的呈現，這是非常好的做法。但是會出現他們在與人群互動上較無彈性，然後在輸出資訊的過程中，由於太過艱深，會很難引起共鳴。而且這能量類型的講師在跟學員互動上會比較沒有興趣。

四能量講師必要搭檔特質

發電機能量 & 火焰能量

發電機能量講師非常需要火焰能量天才協助開場，或者是收尾，然後後續服務客戶的部分，則以及節奏鋼鐵能量的人，來協助處理金錢或者是細節的行政與資料處理。

發電機能量以「任務」為本

發電機頻率的人的領導風格是以推動新構想或新計畫並逐步達成任務為重。人、分析、時機等其他一切都是次要的如同理察・布蘭森所言：「如果我是獨裁者，我會信奉仁厚的獨裁方式。」如果你想要推動事情，那就要用個發電機型的人來當領導者。不過，一旦事情啟動之後，你就應該將他移到下一個計畫，並指派新的領導者！

火焰能量 & 節奏能量

需要節奏能量天才的人，來做好後面的服務，以及收款的部分，然後需要發電機鋼鐵能量天才的夥伴們來進行簡報與課程優化。

火焰能量以「人」為本

火焰頻率的人的領導風格，是以能激勵別人發揮他們的最大潛力為重。如果你尚未在市場上創造價值，那麼這還不是最重要的事，但一旦你創造出價值之後，集體的溝通及合作就成了關鍵。用傑克・威爾許的話來說：「在領導時，你必須放大所說的每一件事。你必須重複一千遍，並放大它。」

節奏能量 & 鋼鐵能量

節奏能量講師，需要鋼鐵能量天才來支持事情的處理與流程的優化，速度才能加快，最後可以再搭配發電機跟火焰的能量天才，在群眾的吸引渲染力上提升，並解決很多有關於人的關係。

節奏能量以「活動」為本

發電機頻率的人適合創造，火焰頻率的人適合鼓勵合作，節奏頻率的人則適合諮詢商議。伍德羅‧威爾遜（Woodrow Wilson）曾說：「領袖的耳朵必須隨著人民的聲音而鳴響。」他所說的就是節奏頻率的領導風格。節奏頻率的領導者會檢視自己及團隊的活動與市場之間的關係。別期待透過節奏頻率的領導者獲得有創意的計畫，但你可以期待他們準時把該做的事完成。

鋼鐵能量 & 發電機能量

鋼鐵能量講師，需要有發電機能量天才，來支持快速做決定的環節，以及創意跟視覺的優化，最後再搭配火焰節奏的天才，協助活絡現場可以做前端的主持後續活動的收尾。

鋼鐵能量以「資料」為本

節奏頻率的人適合諮詢商議，鋼鐵頻率的人則精於計算。火焰頻率的領導者可以陪同銷售團隊到實地銷售，藉以評估他們的績效，而鋼鐵頻率的領導者則只要觀看數字便能了解同樣的事情。蓋帝和洛克斐勒等企業家雖因其冷漠作風而飽受批評，但正是因為這種作風才讓他們不需陪同或站在第一線，在幕後就可以做好領導。如果想擁有傑出的領導人

才，就不該試圖把領導者轉變成某種風格，而是應該了解你的事業處於什麼樣的循環，需要什麼樣的領導力，接著再配置最能與市場現狀頻率一致的領導者。透過像這樣的共鳴循環，領導者會改變市場，市場的變動也會影響最適合的領導者是誰。

天賦原動力的好處——「增加人生的使用效率」

如果可以早點了解天賦屬性，建議您真的要越早越好。

原因在於我們的人生時間有限，而且不僅是自己的時間有限，父母跟孩子的時間亦是。

有時總說：「樹欲靜而風不止，子欲養而親不待。」往往都是因為沒有把握好時間所造成的遺憾。

各位讀者試想一下，我們打拼的年紀多半是落在 20 歲到 60 歲之間，而通常成功的取得，擁有一些成果的年紀，一般是在 40 歲到 50 歲區間。

而最大的結果會是在 50 歲到 60 歲的過程，但是當我們取得結果的時候，我們的父母已經是 70 甚至是 80 歲，而孩子也會在我們打拼的過程中，逐漸長大，而當我們成功的速度沒有追上父母老去、孩子成長的時程，錯過的便會太多太多。

因此，我們可以透過天賦順流致富 GPS 系統少走很多的冤枉路，並且加速實現目標跟夢想，我們可以給您先做一個免費的基礎版測驗，就可以知道自己的能量並練習運用。

而透過完整版的測驗，可以了解到自己是八個屬性的其中之一，我們的天賦在人生的各個面向，包含家庭、事業、關係、學習、溝通，還有講師的發展上面，都可以有非常好的發揮。

而天賦原動力的完整測驗的好處非常多，甚至可以運用在婚姻關係裡面的夫妻，以及事業裡面的合夥人，可以更深入的了解，如何溝通，甚至是達成共識。讓彼此都能在自己的能量屬性上，創造事半功倍的結

果。

　　否則，我們就要用人生最寶貴的「生命」，也就是「時間」，不斷地試錯，不斷的摸索狀況的排除方法，可能同樣的事件又一直不斷發生，也就是所謂的輪迴。

　　在這套系統當中，還有一個很寶貴的原則，稱之為「黃金三角」，在黃金三角的理論中，透過理解合作的對象，如何運用適當的溝通技巧，以及各個面向上的合作，讓相處可以更輕鬆。

　　除此之外，搭配財富光譜的系統，更知道自己的財富層級到達何處，然後計畫如何有效地往上爬升，同時會更明白要使用什麼樣的策略。

第四部曲

好講師大賽致勝關鍵

—— 吳佰鴻主筆 ——

艾美普訓練 首席講師

華人好講師大賽 - 賽事主席

2022 年中華華人講師聯盟 秘書長

台灣線上數位學習協進會 創會長

臺北市企管顧問職業工會 創會長

自 2013 年起，連續 10 年舉辦華人好講師大賽，搭起大中華區各地講師橋樑，現已成為華人培訓界的年度重要盛典。此書為第十本著作。

十年磨一劍

吳佰鴻主筆

「華人好講師大賽」自2013年起舉辦，2022年正邁向第10個年頭。在兩岸培訓界得到認可與支持，賽事蓬勃發展，吸引了各界菁英來參加，培養了無數熱愛培訓，樂於分享的好講師。

「華人賽事聯盟」因為舉辦多年賽事，累積了正面的口碑與事蹟。與中國培訓界龍頭「中國培訓 - 我是好講師」結盟，也和華人圈最具規模講師組織《中華華人講師聯盟》共同合作，搭建兩岸講師交流的大平台。華人好講師大賽現已發展成為華人培訓行業的頂級賽事。

佰鴻擔任華人賽事聯盟主席，於 2014 年代表台灣參加兩岸總決賽，榮獲百強講師及最佳演繹獎，也曾數次親自帶隊，帶領台灣代表隊前進大陸參賽，我認為培訓市場在後疫情時期，正高速發展中，像一塊大型的海綿，需要大量學習作為養分，偌大的培訓市場，使許多台灣講師躍躍欲試，然而要如何在眾多競爭對手中脫穎而出呢？參加兩岸華人最大講師賽事，就是最快速、最能夠被看見的機會。

2015 年台灣代表隊選手，同時擔任賽事總監的徐敏娟老師深有同感，「當舞台變得更大，競爭對手相對增加，漫長的賽程對選手身心和意志力都是相當大的考驗，經過激烈的比賽，台灣代表隊成績斐然，每年都獲得眾多獎項，這是一場華麗的競賽，有機會與各地的高手過招，也讓所有人都看到自己成長的空間。」

2013 年台灣代表隊選手，榮獲第一屆好講師大賽「課程設計」獎項，

已連任八屆評審長的羅懿芬老師提到，「每年秋天，正是好講師大賽如火如荼進行的時候，透過台灣初賽及決賽，選拔出優秀的選手，前往大陸，與千位各地勝出的選手華山論劍，切磋交流，共同角逐講師界的聖杯，這是個人自我實踐與擴大影響力最好的時間，也會增加兩岸更多的課程邀約，提升講師的收入與層級。」

佰鴻耕耘教育市場 20 年，已有 9 本著作，此次與華盟優秀講師合作出書，剛好是第 10 本書。本章節將訪談歷屆 30 位好講師選手，共同探討好講師大賽致勝關鍵。內容都是好講師們的獨家心法，可讓資深講師溫故知新，也讓選手做為參加比賽前的準備工作，可以讓你快速進步，節省很多自我摸索的時間。

書中有精采珠璣文章，並附上訪談影片，各位讀者只要掃描 QRCODE，即可連結上 YOUTUBE，見識眾多王牌講師的風采。

每天只要讀一篇，看完每一篇文章及影片，可以再花 10 分鐘填寫附錄的好講師心得筆記，透過有系統的學習規劃，大家都可以在 1 個月內功力大增。

預祝所有好講師朋友們，在好講師大賽都能拔得頭籌，邁向金科講師！

十年磨一劍影片連結：
https：//youtu.be/OFTKIh8KthM

歡迎訂閱【吳佰鴻 - 好講師大賽致勝關鍵】YOUTUBE
https：//www.youtube.com/playlist?list=PL_BBTlrB8THLRK4khFtJ5yhKzPkYIKuS7

歡迎追蹤華人好講師大賽粉絲專頁
https：//www.facebook.com/101speakers
可獲得更多第一手資訊。

【華人好講師粉絲專頁】

好講師心得筆記

1. 寫下自己的工作 / 職業
2. 設立自己——講師之路的目標
3. 本篇心得

台上三分鐘，台下十年功！

一、簡介：

林美玉老師

第二屆 2014 我是好講師—台灣 10 強選手

2014 我是好講師—兩岸百強選手，

榮獲獎項：最佳風采獎

二、專業／證照／講題：

1. 專業：主持、面相、卜卦、芳療咨商

2. 證照：美國 NAHA 國際認證芳療師、IARFC 國際認證財務顧問師、中華民國肥胖學會 - 健康管理士認證

3. 講題：如何一開口就吸睛、面相行為學、一手掌握的神奇密碼易卜牌

三、好講師大賽的致勝關鍵：

1. 聲音要有渲染力：聲音表現要符合聽眾的期待，不一定是字正腔圓，最好符合聽眾的習慣。

2. 肢體動作及眼神要到位：要與聽眾眼神交流，達到雙向互動，肢體動作更是可以加分，增加說服力。

3. 演講內容架構要明確：內容要編排要有邏輯，聽眾可輕鬆吸收，方能產生共鳴。

四、參加好講師大賽的收穫：

1. 每一次上台的過程都是很棒的學習，無論練習或比賽，都要全力以赴。

2. 可以跟來自各領域講師交流學習，擴大思想格局與增加人脈

3. 參加比賽是對自己的挑戰及淬鍊，增加講師經驗及豐富個人履歷。

五、勉勵所有新進講師的一句話：

台上三分鐘，台下十年功。

唯有不斷學習及練習才會讓自己提昇及精進！

六、連絡資訊：

FB：林美玉 May

LineID：0932001974

電話：+886-965-271-899

E-mail：angel0815@gmail.com

七、訪談影片：

https：//youtu.be/MDOLnF_bjgI?t=22

好講師心得筆記

1. 檢視自己這三項，是否達標？
   a 聲音要有渲染力
   b 肢體動作及眼神要到位
   c 演講內容架構要明確
2. 你自己的解讀，如何解釋？
   「台上三分鐘，台下十年功。」
3. 本篇心得

滴水穿石不是水的力量，而是堅持！

一、簡介：

丁敏洲老師

南山人壽金融機構通路輔銷部、訓練輔銷處　專案講師 / 顧問

二、好講師大賽經歷：

第五屆 2017 扶輪好講師 - 台灣 10 強選手

第六屆 2018 華人好講師三城賽事 -（台北上海蘇州）十強選手

第七屆 2019 華人好講師 - 台灣 10 強選手

　　　　2019 我是好講師（大陸）金科獎 12 強

第八屆 2020 華人好講師 評審

第九屆 2021 華人好講師 導師

三、專業 / 講題 / 專長 / 證照

1. 國際認證高級理財規劃顧問 CFP(CERTIFIED FINANCIAL PLANNER)

2. 顧問式銷售 / 銷售循環及反對問題處理

3. 保險稅務規劃 / 資產傳承稅務影響解析

四、好講師大賽的致勝關鍵

1. 練習

2. 練習

3. 堅持練習

五、參加好講師大賽的收穫

面對自己，強迫成長

六、勉勵所有新進講師的座右銘

滴水穿石不是水的力量，而是堅持！

七、連絡資訊

LineID：tmc0805

八、訪談影片

https：//youtu.be/y8UYLbxvcQU?t=27

★前往大陸比賽的感想：

有什麼機會可以跟來自中國大陸的菁英講師較量？

有什麼機會可以無償觀摩每位菁英講師最精華的內容呈現？

有什麼機會可以站上中國官方媒體主辦的廣大舞台，打響知名度？

2018 年的三城賽事，讓我看到了大陸講師的境界。

2019 年的全國我是好講師大賽，跟來自全中國的 450 位講師菁英同場競技，見到了不同面向的講演方式與風采，都十分值得參考及借鏡。

尤其是取得第一天出賽的賽場冠軍，得到隔天爭奪前三名的門票，當天晚上抽決賽題目，只有一個晚上的時間準備，隔天就與其餘十餘位決賽參賽者一對一對決，非常過癮，也非常讓人回味！再次謝謝當時一同前去廣州參賽的夥伴們，你們給了我最棒的支持與協助！

★身為評審，給參賽者的一句話：

如何在前 1/3 的時間，就抓住評審的注意力，以及讓評審清楚的了解，講師想表達的架構，會是準備很重要的方向！

★身為導師，給參賽者的一句話：

當你覺得什麼都不會，什麼都還沒有準備好的時候，就先站出來講 3 分鐘吧。

然後妳就會發現自己還缺少什麼，需要如何練習及準備，加油！

好講師心得筆記

1. 你會堅持練習嗎？
2. 你會堅持人生目標嗎？
3. 本篇心得

決心、信心、平常心

一、姓名及職稱：

關閎文老師

財經媒體人 / 時事評論員 / 辯論選手

二、華人好講師大賽經歷：

第六屆 2018 華人好講師三城賽事 -(台北上海蘇州)- 台灣十強講師

第七屆 2019 華人好講師 - 台灣十強講師

　　　2019 我是好講師 (大陸)- 中國百強講師 / 中國二十強課程

第八屆 2020 華人好講師 - 台灣金科三強講師

三、專業 / 講題 / 專長 / 證照 ：

1.2020 今日新聞 Now 辯風向 - 特邀辯手

2.2021 三立 iNews 攔捷新聞 - 時事評論家

3.2022 摩爾證券投顧 - 財經節目主持人

四、好講師大賽的致勝關鍵

1.決心

2.信心

3.平常心

五、參加好講師大賽的收穫：

收穫講師業界的朋友與競賽經驗。

六、勉勵所有新進講師的一句話 ：

以賽代訓，更上層樓。

七、連絡資訊：

FB 臉書：關閎文

八、訪談影片：

https：//youtu.be/zGGRwcTPtaw?t=20

```
好講師心得筆記

1. 你是樂於分享的人嗎？
2. 這些特質，你都有嗎？
   a. 決心 b. 信心 c. 平常心
3. 本篇心得
```

挑戰舒適的邊界，永遠是擴大成就的起點！

一、簡介：

尚明老師

珠寶理財顧問、教育專家、行銷顧問

二、華人好講師大賽經歷

第二屆 2014 我是好講師（台灣 10 強）

2014 我是好講師（大陸百強）

多屆 華人好講師大賽導師 / 評審

三、專業 / 講題 / 專長 / 證照

1. 主題：策略 / 行銷 / 珠寶 / 教育

2. 專長：教練技術 / 授課

3. 產品：四大寶石、高端翡翠 ， 服務：高端一對一教學

4. 證照：CMC 國際企業經營管理顧問師 / NLP 專業執行師 / 價值工程副價值專家

四、好講師大賽的致勝關鍵：

1. 專業（內容與呈現方式）

2. 信心

3. 策略

五、參加好講師大賽的收穫：

認識更多的優秀講師，看見大陸的積極性。

六、勉勵所有新進講師的一句話 ：

挑戰舒適的邊界，永遠是擴大成就的起點！

七、連絡資訊

【FB】尚明 https：//www.facebook.com/sunmean/

八、訪談影片：

https：//youtu.be/JzqDgA9ajKA?t=25

好講師心得筆記

1. 你願意挑戰舒適的邊界嗎？
2. 這些特質，你都有嗎？
   a 專業 b 信心 c 策略
3. 本篇心得

接而續則暢，導而演則優！

一、簡介：

藍立騰老師／法國巴黎人壽訓練部經理

二、華人好講師大賽經歷：

第九屆 2021 華人好講師

獎項：台灣金科獎

三、專業／講題／專長／證照

1. 工作：銀行理專教育訓練、貴賓理財說明會

2. 講題：保險、基金、稅務

3. 專長：講授式課件製作／沙盤式教具製作／認證講師班評審

四、參加好講師大賽的收穫：

過去較慣於講授長時數課程，透過大賽薰陶冶煉，有機會培養短講授課操作，亦拓展業外講師授學內容，是一個適合精進淬鍊的交流互進平台！

五、好講師大賽的致勝關鍵：

取決於發揮「平常」應該要有的表現，所謂平常表現按重要順序如下：

一、「你對講師的定義了解多少」你是不是誤會了什麼？

很多人身為講師站在台上，往往失去講師應該要有的重要功能「價值傳達」。

不出下面幾個常見原因：

第一個，我稱之為「**發炎現象**」，舉例來說，這類講者的口語讓人感覺很會「發言」，但沒有真正做到「發論」，也因此他的邏輯表達，很容易變成碎片化的「斷絡式呈現」。

第二個，我稱之為「**代言假象**」，舉例來說，這類講者的內容讓人感覺只是「轉述」，但沒有真正做到「自述」，也因此他的簡報內容，很容易變成機械化的「複製人表現」。

第三個，我稱之為「**無言表象**」，舉例來說，這類講者的表現讓人感覺只是「激動」，但沒有真正做到「激勵」，也因此他的課程體驗，很容易變成獨奏化的「假熱情兌現」。

當你的起跑點，是以「賺錢收穫」為出發，自然容易淪為「發言、轉述、激動」，你所傳達而聽眾所感受到的，便會是「帶有價格的目的」。

如果只是為了上述目的去做這樣的事，那只會是商業簡報，說穿了就只是在打廣告而已，會變成「你整個人沒有進去簡報內容裡」。

當你的起跑點，是以「授學解惑」為出發，自然容易發展「發論、自述、激勵」，你所傳達而聽眾所感受到的，便會是「帶有價值的目的」。

當然會有人說當講師是希望能夠賺錢，這件事情本身沒有對錯，只是如果比賽致勝關鍵，秉持於平常能夠保持聽眾「良好的實質回饋」是否有這個可能，讓我們稍微做點改變調整，讓自己變成：

從「**授學解惑**」的起跑點，

到「**賺錢收穫**」的終點線，

貫徹「**發論、自述、激勵**」的價值面。

至少目前看來活躍在線的名師都是這樣，畢竟名師帶路不走歪路，更重要的是：你的聽眾是有感覺的，更不用提專業的評審團，不是嗎？

二、「**你對課件的準備用心多少**」你有對你的東西負責？逐字稿這件事情是兩面刃，它可以幫助你做到完美的呈現，同時也讓講者失去彈性：當你上台忘了就是忘了……

更不用說大部分講者一定要看到下一頁，才知道要講什麼，頁面轉換的中間就會產生「空白頓點」，很多人不知道這個頓點其實很傷，因

為「聽眾的情感無法延續，不時停在空中等待你的接續」。

所以不應該「錯把逐字稿當成唯一手段，它應該是錦上添花的準備工具」，回歸到課件準備的本質：你要對你的東西滾瓜爛熟，熟爛瓜滾倒背如流。

那我們該如何準備才能讓自己倒背如流？

其實就簡報架構整體來說，就是故事力的呈現，提供幾個問題讓大家深思：

1、他講他的故事跟我講他的故事，請問哪一個會比較精彩？

2、當孫悟空順利到西方取經，然後被佛祖壓在五指山，最後唐僧被白骨精抓走。請問是不是哪裡怪怪的？真的有傳達西遊記想提供的價值？

3、哈利波特對決佛地魔重要，還是哈利波特幾點起床刷牙比較重要？

當你能夠理解上述問題後，就會很明確知道課件簡報是需要。

「花大量時間創建架構自己的東西，而非簡單複製貼上別人的內容」。

你對你的故事夠了解，只有你能掌握故事的精隨，自然就會順暢。

最後，你的簡報「不能只是告訴聽眾內容，還要能做到提醒自己」，

習慣性把每一頁簡報抓住一個重點，二十頁簡報就會有二十個重點，

在簡報故事化架構之下，應該要在講這個重點時，就想到下一個重點要接什麼。如此一來，自然就不會有「空白頓點」發生。

比起去想下一頁畫「面」長什麼？

不如去接下一個重「點」是什麼？

不是就簡單許多？

上述這些都需要大量的刻意練習，當你能夠「用心創建」你的簡報故事

搭配逐字稿作為錦上添花，自然就會有很好的個人表現。

三、「你對聽眾的反應期許多少」買單的人只有你自己？

某一年，因為工作關係第一次接觸了某家銀行通路，

當時負責該銀行通路的同仁與我說明這家銀行的學員上課情形：

「你不要認為他們會對課程有什麼反應」、

「基本上他們不會跟你互動，這邊都很冷」、

「內容也不用教太難他們不會懂也不會認真聽」……

事實上，在我開發完幾個教案實際在這家銀行通路執行運課，短短兩年多講了將近 60 場，以我對這家銀行通路的上課感覺跟學員的後續回饋，實際上是：

「學員對於課程參與度與反應是有的」，

「互動度是沒問題的，學員願意參與答題、討論、回饋」，

「從台上觀察學員專注力與疲憊度，內容很明確是可被接受的」。

結論是，跟其它銀行通路一樣沒有什麼地方是特別不同，

這件事情的前後差異，你覺得問題出在哪裡？

關鍵在於，人性總是習慣「把不合理的事情合理化」，包含對聽眾反應也是。

畢竟「聽眾的真實反應是你養出來的」，當你認為你的聽眾屬於「框架內」，那你得到的回饋也就只能是「框架內」：

難道聽眾就不會離開座位與你互動？

難道聽眾就不能接受你對課程的安排？

難道聽眾就不想知道更多他們不知道的事？

「聽眾反應是講者的責任」，在我們安排簡報的時候，其實就應該要想著：

我要在哪個環節，讓聽眾跟我互動？那個畫面會是什麼？

我要做什麼說什麼，才能夠確保聽眾對於這個環節的反應是我想要

的？

我的說法或簡報呈現，有沒有可能讓這個反應結果跑掉，變成不是我想要？

如此一來，做到「聽眾能夠跟著你的節奏在走，最後又能夠把你的東西帶走。」

無論運課或是參加比賽，身為你的聽眾感受是幸福的，自然會有好的回饋結果。

所以與各位分享的致勝關鍵為三：

一、「你對講師的定義了解多少」- 你是不是誤會了什麼？

二、「你對課件的準備用心多少」- 你有對你的東西負責？

三、「你對聽眾的反應期許多少」- 買單的人只有你自己？

在自我成長個人實現的道路上，要能夠日常即自我提醒與實踐。

沒有 Challenge，就不會有 Change！

與大家共勉之。

六、勉勵所有新進講師的一句話：

接而續則暢，導而演則優

七、連絡資訊

FB：藍立騰

LINE：kenny.lan

八、訪談影片：

https：//youtu.be/8cOCIJzn7do?t=25

好講師心得筆記

一、你的解讀？
　　接而續則暢，導而演則優
二、你還有進步的空間嗎？
　　1.「你對講師的定義了解多少」你是不是誤會了什麼？
　　2.「你對課件的準備用心多少」你有對你的東西負責？
　　3.「你對聽眾的反應期許多少」買單的人只有你自己？
三、本篇心得

堅定信念，勇敢追夢

一、簡介：

陳昇陽老師 /

大學觀光系講師

二、華人好講師經歷：

第六屆 2018 華人好講師三城賽事 -（台北上海蘇州）

獎項：台灣區前 10 強選手

三、專業 / 講題 / 專長 / 證照

1. 團隊建立、觀光遊憩探索（體驗教育）

2. 青少年人際溝通（薩提爾冰山理論）

3. 活動企劃主持

四、好講師大賽的致勝關鍵：

1. 鮮明的個人風格

2. 內容具有啟發性

3. 賽後記憶點明確

五、參加好講師大賽的收穫：

1. 增加自己的國際視野

2. 建立更多人脈

3. 打造個人品牌

六、勉勵所有新進講師的一句話：

堅定信念勇敢追夢

七、連絡資訊：

Line:chengoat

Email:ozzy2882@gmail.com

八、訪談影片：

https://youtu.be/t_fW94DyJO0?t=22

```
好講師心得筆記
```

1. 寫下你的夢想？
2. 這些特質，你都有嗎？
   a. 鮮明的個人風格 b. 內容具有啟發性 c. 賽後記憶點明確
3. 本篇心得

沒有準備好，只有一直在準備的人

一、姓名及職稱：

林家泰老師

二、華人好講師大賽經歷

2013 第一屆中國好講師管理技能組冠軍

2016 扶輪好講師評審

三、專業 / 講題 / 專長 / 證照

1. 商務談判

2. 影響力溝通

3. 讓客戶買單的銷售

四、好講師大賽的致勝關鍵：

1. 設計有賣點的主題

2. 吸引評委注意力的內容

3. 自信且生動的表達方式

五、參加好講師大賽的收穫？：

1. 擴大自己的眼界，才能讓自己更頂尖

2. 結交比自己優秀的人讓自己更優秀

3. 評委的建議突破自我盲點快速成長

六、勉勵所有新進講師的座右銘：

1. 沒有準備好，只有一直在準備的人

2. 盡最大努力，做最壞打算

七、連絡資訊：

FB: 林家泰網站：談判策略學院

Podcast: 八站鹹談

八、訪談影片：

https://youtu.be/zAVccEd2iHo?t=30

好講師心得筆記

1. 寫下你的解讀？
   盡最大努力，做最壞打算
2. 這些特質，你都有嗎？
   a. 設計有賣點的主題
   b. 吸引評委注意力的內容
   c. 自信且生動的表達方式
3. 本篇心得

讀書，是講師的基本功，
沒有持續的輸入，只會有膚淺的輸出

一、姓名及職稱：

曾培祐老師

二、華人好講師經歷：

第三屆 2015 我是好講師 - 台灣 10 強選手

2015 我是好講師（大陸）百強選手 / 最佳演繹獎

第八屆 2020 華人好講師 / 導師

第九屆 2021 華人好講師 / 導師

三、專業 / 講題 / 專長 / 證照 / 產品

1. 專業：演講技巧、教學技巧、上台報告技巧

2. 證照：結構性思維認證講師、AL 加速式學習認證講師、即興引導
   認證講師

3. 產品：上台吸睛技巧工作坊、講師基礎功夫班、閱讀獲利讀書會

四、好講師大賽的致勝關鍵：

1. 獨特的觀點

2. 換位的思考

3. 清晰的結構

五、參加好講師大賽的收穫：

認識很多業界的講師，得到許多合作的機會，拓展了人脈。

得到名次的肯定，讓自己更有信心，更有底氣繼續上台

六、勉勵所有新進講師的座右銘：

讀書，是講師的基本功，沒有持續的輸入，只會有膚淺的輸出

七、連絡資訊：

Fb 粉絲團：培果工作室

Mail:washibigbow@gmail.com

八、訪談影片：

https://youtu.be/N1Pe_1XoiLY?t=18

好講師心得筆記

1. 讀書，是講師的基本功，你有落實嗎？
2. 這些特質，你都有嗎？
   a. 獨特的觀點
   b. 換位的思考
   c. 清晰的結構
3. 本篇心得

將來的你一定會感謝現在拼命的自己

一、簡介：

胡靜宜老師

知愛家教育機構執行長

二、華人好講師大賽經歷：

第四屆 2016 扶輪好講師台灣 10 強

第五屆 2017 扶輪好講師台灣 10 強

第七屆 2019 華人好講師台灣 10 強

第八屆 2020 華人好講師導師

第九屆 2021 華人好講師評審

三、專業 / 講題 / 專長 / 證照

1. 女性創業議題

2. 幼兒教育

3. 親子議題

4. 財務 / 行銷專業課程

四、好講師大賽的致勝關鍵：

1. 知識

2. 見識

3. 膽識

五、參加好講師大賽的收穫：

打破同溫層，看到改變的自己

六、勉勵所有新進講師的座右銘：

將來的你一定會感謝現在拼命的自己

七、連絡資訊

FB：知愛家教育機構

https://m.facebook.com/zhiai6800/

八、訪談影片：

https://youtu.be/jKblp48TdGA?t=29

好講師心得筆記

一、你想告訴 10 年後的你甚麼事？

二、這些特質，你都有嗎？

　　1. 知識 2. 見識 3. 膽識

三、本篇心得

保持熱情、願景、自律和良知

一、簡介：

脊椎保健達人 鄭雲龍 老師

身體智慧有限公司執行長

典傳智慧知識工作有限公司執行長

二、好講師大賽經歷

第二屆 2014 我是好講師（大陸）

榮獲最高榮譽『中國 30 強』頭銜

多屆好講師大賽 - 特聘講師

三、專業 / 講題 / 專長 / 證照

1.GOOGLE 搜尋「脊椎保健」排行第一名

2.YouTube 教學頻道超過 3000 萬點閱次

3.中華華人講師聯盟第十屆理事長

4.博客來網路書店 2016 年度百大總榜排名暢銷書作家

5.受邀國內外演說場次超過 3000 場

6.各電視台健康節目擔任專家來賓

四、參加好講師大賽的收穫：

邏輯表達＋結交好友

五、好講師大賽的致勝關鍵：

1.生動案例

2.舞台魅力

3.互動演練

六、勉勵所有新進講師的座右銘：

保持熱情、願景、自律和良知

七、連絡資訊：

電話：02-29729701

E-mail：ceo@bodylearning.com.tw

脊椎保健達人鄭雲龍：https://www.facebook.com/bodylearning7

身體智慧 YT：https://www.youtube.com/c/BodylearningTw

身體智慧粉絲專頁：https://www.facebook.com/bodylearning2

身體智慧有限公司：http://www.bodylearning.com.tw/

八、訪談影片：

https://youtu.be/QSHRD9IdNEk?t=22

好講師心得筆記

一、你常保持熱情、願景、自律和良知嗎？
二、這些特質，你都有嗎？
　　1. 生動案例 2. 舞台魅力 3. 互動演練
三、本篇心得

一以貫之～
觀念、行為、習慣、性格、命運

一、簡介：

謝興泰老師

東森房屋景美加盟店執行長

二、華人好講師經歷：

第三屆 2015 我是好講師（台灣 10 強）

2015 我是好講師（大陸百強）

第八屆 2020 華人好講師 / 評審

第九屆 2021 華人好講師 / 導師

三、專業 / 講題 / 專長 / 證照

1. 不動產仲介業

2. 東森房屋內部講師

3. 領越領導力國際認證講師

4.FDT 團隊協作五項障礙國際認證講師

5. 美國 PDP 國際人力資源管理教練

6. 美國 ATD 培訓大師認證講師

四、參加好講師大賽的收穫：

1. 讓自己知道如何當老師

2. 認識很多老師、學到更多的課程

3. 自己經營事業有突破性的進展

五、好講師大賽的致勝關鍵：

1. 找到自己擅長，專業的主題

2. 有系統、有方法、有案例、有畫面

3. 練習、練習、再練習

六、勉勵所有新進講師的座右銘：

一以貫之~觀念、行為、習慣、性格、命運

七、連絡資訊：

公司網站:http://store.etwarm.com.tw/A0504

FB:https://www.facebook.com/profile.php?id=100006936128393

電話:0937-698-993

八、訪談影片：

https://youtu.be/B2Uoi3bKqZM?t=23

好講師心得筆記

一、寫下你的解讀？
　　一以貫之～觀念、行為、習慣、性格、命運
二、這些特質，你都有嗎？
　　1. 找到自己擅長，專業的主題 2. 有系統、有方法、有案例、有畫
　　面 3. 練習、練習、再練習
三、本篇心得

要談理想抱負，
就努力培養相對等的實力吧！

一、簡介：

郭謙亨老師

白鴿婚禮顧問總監

二、好講師大賽經歷：

第七屆 2019 華人好講師 - 台灣 10 強

2019 我是好講師 - 大陸百強 / 優秀沙盤講師

三、工作 / 專業 / 講題 / 專長

1. 婚禮顧問

2. 形象講師

四、參加好講師大賽的收穫：

1. 更了解講師界的生態與講師技巧，

2. 認識很多好朋友

3. 短時間讓自己在授課技巧和舞台表現上有大幅進步

五、好講師大賽的致勝關鍵：

1. 大會事前良好的培訓計劃

2. 練習再練習

六、勉勵所有新進講師的座右銘：

要談理想抱負，就努力培養相對等的實力吧！

七、連絡資訊

FB 白鴿陪你用心過生活

https://www.facebook.com/dovewhite2020/

八、訪談影片

https://youtu.be/IpfTK8tEz3Y?t=22

好講師心得筆記

一、寫下你的理想與抱負？
二、你有培養相對等的實力嗎？
三、本篇心得

存上進之心，去得失之念

一、簡介：

羅懿芬老師

卓越華人訓練團隊執行總監

台灣廣播第 50、56 屆金鐘獎評審委員

中華華人講師聯盟副理事長

行政院人事行政總處公務人力發展學院講師

中華民國健言社第 23 屆理事長

二、好講師大賽經歷：

第一屆 2013 我是好講師（大陸），榮獲「最佳課程設計」獎

第二屆至第九屆 2014-2021 華人好講師大賽台灣賽區評審長

三、工作／專業／講題／專長／證照

1. 目前工作：職業培訓師

2. 專業：專注於講師培訓（講師表達技巧、課程設計、教學手法與簡報製作）

四、參加好講師大賽的收穫：

1. 沒有最好、只有更好，每個人都值得為成就更好的自己而努力。看到在業界已經很強的老師，願意放下形象包袱、站上比賽舞台接受市場考驗。看到很年輕、資歷很淺的老師，願意站上激烈的舞台接受比賽的衝擊。

2. 看到自己的不足希望能夠透過不斷學習，讓自己更有能量站在培訓舞台，努力參加相關證照課學習：ATD 講師培訓、ATD 培訓設計、結構性思維認證導師、TAF 引導技術認證導師、DISC 性格行為分析技術顧問

五、好講師大賽的致勝關鍵：

1. 表達呈現：緊張管理、事前準備、充份練習、從容表達

2. 主題與內容設計：市場性、有相關背景支持（自己能駕馭的主題）

3. 內容設計：聚焦主題、架構清晰、篇幅的安排、案例設計

六、勉勵所有新進講師的座右銘：

存上進之心，去得失之念

七、訪談影片：

https://youtu.be/wRqCi4De--Q?t=17

好講師心得筆記

一、寫下自己的不足？

二、寫下你的解讀？
　　存上進之心，去得失之念

三、本篇心得

講師不只是一份工作、
一份職業，更是一份傳承、一份使命！

一、姓名及職稱：

方榮久老師

二、華人好講師大賽經歷：

第四屆 2016 扶輪好講師、第五屆 2017 扶輪好講師

獎項：台灣 10 強講師

三、專業 / 講題 / 專長 / 證照

1.傑順全方位管理顧問有限公司 / 創辦人

2.中華工商經貿科技發展協會 / 亞洲十大名師（勞資雙贏權威）、勞資顧問 / 勞務師、台北市政府勞工局調解委員會調解委員

3.中華工商經貿科技發展協會 / 亞洲十大名師（全腦學習實戰權威）、東森亞洲電視台專訪 / 全腦開發實戰權威、中華全腦開發記憶協會 / 全腦知識管理師

4.著作：堅持的信念：15 位扶輪好講師的生命智言輯

四、參加好講師大賽的收穫：

1.擴展人脈、2.擴大知識領域、3.增加商業合作機會、4.曝光能見度提高、5.找到人生使命

五、好講師大賽的致勝關鍵：

1.不斷的學習和成長、2.將學習成果內化之後，用淺顯易懂的方式呈現給聽眾、3.充分的準備和練習、4.充滿自信、5.堅持的信念

六、勉勵所有新進講師的座右銘：

講師不只是一份工作、一份職業，更是一份傳承、一份使命。用最

有效率的方式，幫助人們學習更加容易，長久站穩人生舞台，讓世界更加進步美好。

七、連絡資訊

傑順全方位管理顧問有限公司：http://www.mindmap.ws

FB:https://www.facebook.com/fangpofen

LineID:pofen

EMail：pofen@mindmap.ws/pofenfang@gmail.com

手機：0956166721

八、訪談影片：

https://youtu.be/ROo2tqN5ERA?t=16

好講師心得筆記

一、你對「講師」的定義？

二、檢視自已的特質？
　　　1.不斷的學習和成長 2.將學習成果內化之後，用淺顯易懂的方式
　　　呈現給聽眾 3.充分的準備和練習 4.充滿自信 5.堅持的信念

三、本篇心得

成功，是給做好準備的人！

一、姓名及職稱：

李政忠老師 / 自由講師

二、好講師大賽經歷：

第三屆 2015 我是好講師（台灣 10 強）

2015 我是好講師（大陸）

獎項：全國 30 強講師暨最佳課程設計獎

三、專業 / 講題 / 專長 / 證照

1.專精於溝通表達、團隊領導、銷售技巧與講師培訓

2.ATD 培訓大師認證

3.AL 加速式學習引導師＆課程設計師認證

四、好講師大賽的致勝關鍵：

1.專業且獨特的課程內容

2.投入且充分的賽前準備

3.內容編排：開場有痛點、過程有亮點、結尾有重點

五、參加好講師大賽的收穫：

讓我從一個剛出道的素人講師，獲得被更多管顧看見的機會，才有現在的成果！

六、勉勵所有新進講師的一句話座右銘：

成功，是給做好準備的人！

七、連絡資訊

部落格：人際溝通輕鬆學

FB 粉專：陪你的顧客買東西

EMAIL：rex1975.lee@gmail.com

LINEID：rex1975.lee

八、訪談影片：

https://youtu.be/npCUz2XMzyI

好講師心得筆記

一、你有那些講師相關證照？

二、你準備好了嗎？
1.專業且獨特的課程內容 2.投入且充分的賽前準備 3.內容編排：
開場有痛點、過程有亮點、結尾有重點
三、本篇心得

換位思考、導入熱情、演成一場戲

一、姓名及職稱：

陳品橙老師 / 橙序財務管顧執行長

二、第九屆 2021 華人好講師

獎項：金科講師 / 最佳課件獎

三、工作 / 專業 / 講題 / 專長 / 證照

1. 工作：橙序財務管顧執行長

2. 專業：個人保險 / 個人稅法

3. 證照：AFP(AssociateFinancialPlanner) 理財規劃顧問證照、投信投顧業務員、信託業務人員、理財規劃人員、投資型保險商品業務員、外幣收付之非投資型人身保險資格

四、參加好講師大賽的收穫：

最大的收獲有以下五點，

1. 訓練短講的技能：

演講最怕又臭又長，但時間壓縮在 6-8 分鐘內時，要同時兼具言簡意賅又飽含底蘊、講述過程要生動有趣而非只有詞藻華麗，真的是要在練習的過程中不斷地去蕪存菁，反映在現實生活中的好處就是，在大型會議或面對高層時，能迅速將報告內容條理分明講述清楚，讓對方短時間內就能抓到重點，大幅提升溝通的品質跟效率，因為現代人都很忙碌，時間都很寶貴，這絕對是一個最實用的技能！

2. 精煉簡報的內容：

由於好講師比賽是一場比賽，比賽某種意義上就是一場秀，而不是教學授課，所以簡報內容不能都只是照片，當然更不能充滿密密麻麻的文字，所以學習站在觀看者的角度去思考：如何讓簡報既能襯托出我演

說的風采，同時又能在每一頁的串連中，牽引住台下聽眾的注意力。所以視覺版面的設計是我在這場比賽中進步最多的技能。

3. 擴大受眾的範疇：

這次的初賽跟決賽，我捨棄了本身十年銀行理財顧問的背景，決定不講擅長且熟悉的個人稅法及保險，因為評審及聽眾不一定都具有金融背景，因此我在想主題的時候決定要講一個百搭的話題，就是如何提升溝通能力，若不是因為參加這場比賽，我根本不需要特別去思考專業以外的簡報要如何呈現跟演繹，也因為作了這個決定，讓我發現自己原來也能駕馭本業以外的主題！

4. 改善銷售的能力：

一場好的演講，我認為除了內容豐富，讓聽眾對主講者留下深刻的印象（我指的當然是好的印象）也是很重要的一環，因為在舞台上的那一段時間，其實就是在秀自己！滿腹經綸也要有好的口語表達能力才能達到效益，所以成功的演講者給人的不僅只是知識的傳遞，聽眾結束後還會有意猶未盡、被滿足的情緒，這些其實就是在學習怎麼賣自己、銷售自己！

5. 增加曝光的機率：

在現在這個資訊交流極為快速的時代，每個人都應當將自己當成一個品牌來經營，因為你不知道機會何時會到來，而參加一個行之有年的大型比賽絕對是最快讓大家認識自己的最佳途徑

五、好講師大賽的致勝關鍵：

1. 換位思考：

想像如果你代表眾多聽眾，什麼話題、什麼故事、什麼語言是會點燃你想繼續聽下去的欲望？比賽要拿到好成績絕對需要策略，制定一個多數人會有帶入感的題目是很加分的，例如我講的提升溝通能力。

若要講自己拿手但非大眾化的主題，就要思考如何善用譬喻或小故

事去引發共鳴。

2.導入熱情：

想像台下的人不是聽眾，而是握有資金的投資人，你則是新創公司的發言人在發表企劃案，要如何說服金主願意投資你？端看這番演說有沒有打動他？

我認為許多選手的演講內容很紮實、含金量很高，但可惜在傳遞時，少了那麼一點點熱情，人在聽你說話的時候，其實能帶走一兩個知識點就很多了，而最終會在心中迴盪的，絕對是他感覺到被你打動，而不是你的內容。

3.演成一場戲：

你會看到華燈初上或任何一齣戲劇裡面，男女主角對話中間有不自然的停頓、忘詞或背對觀眾嗎？不會，因為這是一場戲，而演講也是一場戲。

任何你看到的自然而然都是經過大量的刻意練習、精心設計，

傑出的戲劇是如此，傑出的演說更該是如此，反覆練習到毫無生澀的痕跡。

六、勉勵所有新進講師的座右銘：

當所有人裡面，只有你對自己上台講的話感到索然無味，你就成功了！

七、連絡資訊

FB：陳品橙

IG：amber.adler192837

LINE：137neko

八、訪談影片：

https://youtu.be/uMUkxx4zP2c?t=22

好講師心得筆記

一、你對那些事物有熱情？
二、你的課程有『刻意練習、精心設計』嗎？
三、本篇心得

優秀來自多一盎司的熱忱 + 努力

一、姓名：

張瑩瑩老師 / 護理師

二、華人好講師大賽經歷：

第五屆 2017 扶輪好講師

第六屆 2018 華人好講師三城賽事 -(台北上海蘇州)

第九屆 2021 華人好講師 / 評審

獎項：

2017 扶輪好講師前 10 強

2018 華人好講師兩岸三地前 10 強

三、專業 / 講題 / 專長

1.公眾表達 / 講師培訓

2.醫病關係 / 健康講座

3.人際互動

四、參加好講師大賽的收穫：

1.看到不同領域的講師授課方式，因而打開自己在講師之路的視野

2.透過比賽重新認識自己，更加強化自信心

3.參賽過程中結交到志同道合的好朋友

五、好講師大賽的致勝關鍵：

1.心態的調整：站在舞台上被檢視是非常辛苦的，上場前需要保持平常心，才能從容展現自己。

2.百分百的準備：挑選熟悉且合適自己的講題，賽前充份準備包含講授內容、比賽時的狀態及應對技巧都需要不斷的練習再練習。

3.團隊的支持：2018 代表台灣去上海參賽，歷屆學長姐經驗分享及

一起參賽選手的互相勉勵，對於選手而言是一股強大力量的支持。

六、勉勵所有新進講師的座右銘：

優秀來自多一盎司的熱忱＋努力

七、連絡資訊

電話：0922-277-679

Line:yingyingchang

八、訪談影片：

https://youtu.be/R64MNN-VBXg?t=30

好講師心得筆記

一、比賽前，心態如何調整？

二、寫下你的解讀

　　『優秀來自多一盎司的熱忱 + 努力』

三、本篇心得

心懷世界，就能綻放光芒！

一、姓名及職稱：

楊雅婷老師 / 作家

第八屆 2020 華人好講師 / 金科獎

第九屆 2021 華人好講師 / 導師

二、好講師心路歷程：

從素人講師並帶上好朋友們一起參賽，拿到當屆冠軍，隔年進入大賽工作團隊協助更多人突破自我，因好講師打開自己的更多潛力、找到屬於自己的市場定位、結交到良師益友！

三、專業 / 講題 / 專長 / 證照 / 產品或服務

1.企業形象 MIS 設計、品牌社群經營、文案撰寫、散文新詩

2.活動定位與流程細節策劃、活動與論壇主持、活動崗位企劃與控場

3.人脈開發與經營管理、系統性轉介紹、被動式陌生開發、邏輯溝通與結構表達自我介紹

4.作家 / 一對多銷售 / 被動式陌生開發 / 社群經營 / 企業與個人形象營造

四、好講師大賽的致勝關鍵：

1.【瞬間蛻變的能力】不給自己設框架，相信自己沒有極限。眼看遠方，腳步踏實，做好每一個細節，穩穩地掌握屬於你的專屬節奏。在台上，你就是最亮的太陽，把最好的給到共同參與這場交流盛宴的嘉賓們。

2.【提供有效的資訊】最棒的分享是來自親身經驗的整理歸總，可以最大程度地給到受眾實質幫助。分享的知識必須過親身實際驗證，並

且尊重原創者，切勿生搬硬套不合時宜或是錯誤的資訊。

3.【找到發光的基石】專注於「付出」與「感恩」。好講師的本質在於，汲與社會正向健康的量能，讓企業、國家、乃至世界都可以運作得更精準正面。感恩我們所也的一切，你會看見原來自己可以付出的課程關鍵點會是什麼，那就會是讓你自信發光的利基點。

五、參加好講師大賽的收穫：

一個人可以走得很快，一群人可以走得很遠，一群堅持行動的人可以走得又快又遠。透過參與好講師大賽，最大的收穫是擁有了一群亦師亦友的「生命戰友」！來自各領域的菁英，擁有著不同的人生經驗，在賽事過程中彼此幫助，激盪出無比精彩的花火。

導師與評審的賽前培訓、雕琢、點評，可以讓我們瞬間突破盲區，少走彎路。方向對了，努力才有意義，要在講師之路上快速調整方向，參加好講師大賽絕對是最佳的加速器。

六、勉勵所有新進講師的座右銘：

1. 心懷世界，就能綻放光芒！

2. 看起來很棒很難的機會不是等待來的，是吸引來的。

3. 平衡不是加法與減法，而是持續行動中，在錯誤與成功中快速修正。

4. 在努力的日常中累積你的靈感，在舞台上淬煉出一句觸動人心的金句！

七、連絡資訊：

EMAIL：crystal.huijiang@gmail.com

Facebook：https://www.facebook.com/yating.yang.520/

IG：crystal_8915

八、訪談影片：

https://youtu.be/qMmbFsr3xk4?t=27

好講師心得筆記

一、課程有「乾貨」，需要哪些條件？
二、寫下你的解讀
　　『一個人可以走得很快，一群人可以走得很遠』
三、本篇心得

走出去才能一起變強！

一、簡介：

張亞倩老師

莫比吾思國際有限公司經理 / 活動企劃

國立臺灣體育大學休閒產業經營學系兼任講師

社團法人中華民國嚕啦啦社會服務協會理事

二、華人好講師大賽經歷：

第六屆 2018 華人好講師三城賽事 -（台北上海蘇州）

第七屆 2019 華人好講師

2019 我是好講師（大陸）

獎項：

<2018 華人好講師 >

華人好講師台北總決賽 / 最具魅力講師獎、華人好講師 2018 台北。上海。杭州 / 總決賽十強

<2019 我是好講師 >

全國百強講師、最佳創新獎、全國優秀沙盤講師

<2019 我有好課程 >

全國二十強課程、最佳創新課件獎、全國十強沙盤課程

三、專業 / 講題 / 專長

1. 活動企劃 2. 活動主持

四、好講師大賽的致勝關鍵：

1. 停——在不停地準備比賽的同時，要時常停下腳步檢視自己還有哪些部分可以更周全，調整自己的身體和心情，讓自己在比賽展現最好的自己

2.看——多看看其他選手，比賽不會只有這一次，人生中可能有各式各樣的競爭跟比賽，參加比賽是能夠在短時間看到好多高手的時間，記錄這些看見。

3.聽——最好的練習是講給別人聽，並且聽別人給予的回饋，這些回饋進步的能量。

五、參加好講師大賽的收穫：

幫自己的人生多開拓了一條道路，還有認識了一群好棒的講師朋友。

六、勉勵所有新進講師的座右銘：

不走出去你不會發現有多少人正在快速變強，走出去才能一起變強！

七、連絡資訊

FB: 張亞倩

八、訪談影片：

https://youtu.be/D0HTIYpaDBs?t=24

好講師心得筆記

一、幫自己的人生多開拓一條道路，需要哪些條件？
二、寫下你的解讀
　　『停。看。聽』
三、本篇心得

設計個人品牌商業模式，
找到自己贏的方程式

一、姓名及職稱：

樊友文教練

二、好講師大賽經歷：

第三屆 2015 我是好講師（台灣十強）

2015 我是好講師（大陸百強）

三、專業 / 講題 / 專長 / 證照

教練

領導力、團隊協作、部屬輔導

美國 Quantum Learning 超人營國際中文營 認證講師

International Coach Academy 國際教練學院畢業

ICF 國際教練聯盟 ACC 認證教練

PDP 國際人力資源管理教練

結構性思維 認證講師

The Leadership Challenge（領越領導力）認證講師

Gallup Accelerated Strengths Coaching（優勢輔導認證教練）

The Five Dysfunctions of A Team 認證講師

日本產業訓練協會 MTP 認證講師

勞動部勞動力發展署「人才發展品質管理系統」TTQS 研習

勞動部勞動力發展署「管理職能導入與實踐工作坊」iCAP 研習

四、參加好講師大賽的收穫：

台灣：接受專業資深的前輩（講師）輔導，在成為講師的學習過程中，

能夠被深度（理論基礎、架構流程、簡報呈現）的 1 對 1 的指導機會是很少的，大多是團體的演練及學習

　　大陸：碰到的都是大陸各省的菁英，及許多在大陸的資深講師及管顧公司，平時是很難得與這群講師交流請益。進而了解了大陸企業培訓市場，對於後來自己到大陸授課有諸多的幫助

　　目前還是透過微信與大陸各省的講師有所聯繫，並有諸多的線上分享各種不同企業課題內容及大陸培訓發展的趨勢

五、好講師大賽的致勝關鍵：

1. 了解自己的授課風格

2. 與學員互動技巧

3. 理論基礎及案例

六、勉勵所有新進講師的座右銘：

　　講師不只是講授課程，更需要設計個人品牌商業模式，找到自己贏的方程式

七、連絡資訊

電話（LINE）：0928276671

email：fanween@gmail.com

八、訪談影片：

https://youtu.be/zxhk8ak8rnY?t=25

好講師心得筆記

一、如何設計個人品牌商業模式？

二、你有這些特質嗎？

　　1.了解自己的授課風格 2.與學員互動技巧 3.理論基礎及案例

三、本篇心得

狀態管理、成就管理、定位管理

一、姓名及職稱：

許澤民老師

臺北榮總物理治療師

二、好講師大賽經歷：

第六屆 2018 華人好講師三城賽事 -（台北上海蘇州）

台灣 10 強講師，總決賽與上海及蘇州夥伴並列首獎。

三、工作 / 專業 / 講題 / 專長 / 證照

1.臺灣物理治療師高考及格

2.英國劍橋 FTT 引導式培訓師國際認證課程

3.益師益友共學會種子講師培訓

4.神經再生醫療技術訓練班結業

5.「管理聖母峰」授權課程共同設計師

6.著作「贏在勝任力 - 迎接 VUCA 時代的人才新戰略」

https://www.books.com.tw/products/0010845091?sloc=ms2_6

四、參加好講師大賽的收穫：

2018 華人好講師，講師到企業培訓的轉捩點

1.認識良師益友

認識好戰友並與前輩懿芬老師、Maggie、俊憲、Tracy 有後續合作；見識不同講師的「範式」，開眼界。

2.自我精進的壓力

我需要持續努力學習，接受挑戰，才對得起這個獎項。從短課程，到長時數培訓。

與其說是華人好講師的舞台是「綻放」，回過頭來，更多是「埋下」

一顆種子。

　　3. 打開合作契機

　　2019 年開始，管顧，HR 就是透過華人好講師首獎的標籤認識許澤民。也是這次大陸機會，開拓了 2019 去中國企業授課契機。

五、好講師大賽的致勝關鍵：

穩定過關（拿手主題）市場需求（內訓議題）- 脫穎而出（展現風采）

但是不一定拿得到……狀態管理：

名次不可控制，你只能展現最好的自己。

除了名次你還可以……成就管理：

不用勉強名次，是創造最佳體驗。

最重要的是……定位管理：

新講師必須不斷思考，在沒有經歷、背景、認證之下，你的定位在哪。

六、勉勵所有新進講師的座右銘：

千里馬要伯樂，好講師要平台，這裡是最佳平台。

　　素人最快讓人認識的辦法，不是一個個去認識，你就是上台，演講，讓大家記住你。老手為何要來？韋禮安參加中國好聲音，主持人問，你是韋禮安阿，你為何報名？韋禮安說，這裡是中國好聲音，而我是好聲音，所以我來。

　　一個活動，超過十年，兩個原因，一有搞頭，二有頂梁柱，佰鴻老師就是頂梁柱。

七、公開的連絡資訊

FB：許澤民

Email：chemin.hsu@gmail.com

八、訪談影片：

https://youtu.be/HtVOeDmigOU?t=20

好講師心得筆記

一、如何做好狀態管理.成就管理.定位管理？
二、你有這些特質嗎？
　　1.認識良師益友 2.自我精進的壓力 3.打開合作契機
三、本篇心得

帶著使命做事，創造意義感則無所畏懼

一、姓名及職稱：

王秋文老師

二、好講師大賽經歷：

第七屆 2019 華人好講師

2019 我是好講師（大陸）

獎項：

2019 年台灣賽區三十強

2019 年全國二十強課程

2019 年全國十強沙盤課程

2019 年全國優秀沙盤講師

2019 年華人好講師全國百強

2019 年華人好講師最佳創新獎

2019 年好講師魔王挑戰賽優勝

三、工作 / 專業 / 講題 / 專長 / 證照

1. 房產投資諮詢

2. 講題：深度經營客戶的秘訣

3. 超業個別輔導

四、參加好講師大賽的收穫：

比賽過程學習不同講師的演溝風格與優點，結交志同道合的講師朋友，當我在講師這條路上卡關時，就有商量討論的好友可以給我真實回饋。

五、好講師大賽的致勝關鍵：

1. 寫逐字稿

2.聽自己練習的錄音內容

3.請教前輩們的獲獎秘訣

六、勉勵所有新進講師的座右銘：

帶著使命做事，創造意義感則無所畏懼。

七、連絡資訊：

王秋文的 FB

https://www.facebook.com/gigi0110f

八、訪談影片：

https://youtu.be/XFTKFN-DGJ8?t=18

好講師心得筆記

一、你的人生使命有哪些？

二、你會善用這些方法嗎？

　　1.寫逐字稿 2.聽自己練習的錄音內容 3.請教前輩們的獲獎秘訣

三、本篇心得

學習，生生不息；態度，決定高度！

一、姓名及職稱：

許志騰老師 / 訓練部協理

二、華人好講師大賽 / 獎項

第五屆 2017 扶輪好講師

獎項：前十強

三、工作 / 專業 / 講題 / 專長 / 證照

1. 外商金融保險集團銀行保險部門訓練主管

2. 金融研訓院菁英講座（財富管理、業務管理、信託規畫）

3. 美國際認証美國財務策劃師（RFP）/ 中國國家理財規劃師（ChFP）

四、參加好講師大賽的收穫：

1、學習歸納與定義「講者五力」

參賽帶給我最大的收獲，是從賽事的訓練團隊、評審老師、同學身上，學習到各個講師的特色與舞台魅力，繼而重新歸納與定義，回到公務工作角度，重新省思，身處金融產業中，凡事要求節奏快，時間卻碎片化被分解，一個好的講者，一個吸引人的教學或簡報，到底該具備些什麼條件或指標？

如果可以拆開來訓練，是不是更可以對症下藥，提升自己或同仁的產品專業的教學力呢？

「開場力、專業力、互動力、邏輯力、故事力」，在我重新定義後，用這五個能力，在公司內部人員「講師訓練」中，試圖針對不同的屬性、不同經驗條件的同仁，試圖聚焦放大擅長的「力」、強化相較弱勢的「力」，明顯大幅提升更好的學習成效，也協助團隊夥伴在講師的學習成長過程中，可以為成「更好的自己」，而不是一昧的仿效、硬背、帶

有匠氣刻痕的模仿別人。

用一句最簡單的話來說，就是引導別人「同一首歌，不同歌手翻唱，皆能唱出個不同的特色與味道！」

2、跨業交流的「壓力測試」

壓力的背後是危機，危機的背後是轉機，多數講者其實在自己的領域裡，皆有自己的專業背景，但有時對於本業中「專業的堅持，可能會變成跨業的傲慢」，這也常是許多初階講師容易遇上的問題。

也或許常常心中會有糾葛「是你們不懂我的專業領域……啊，所以你聽不懂很正常！」「有限時間，我就只能交待這一些啊……」，「明明就沒有這麼難，為什麼聽不懂呢……？」

如果您也有類似的經驗而困擾，建議此時最需要作的就是練習「翻譯專業」，丟掉一般人聽不懂的專業名詞，試著用相較通俗的語言，更具體方式就是「舉個例子、打個比方、換句話說」，用聽眾屬性可以理解的「共用經驗」連結，讓聽眾可以在最短時間內理解甚至秒懂，試試不同方式，也許你也會得到不同的收獲。

3、擴展學習的眼界邊界

透過活動與賽事，認識更多不同領域專家講師，也拓展更多的眼界與視野！跨業交流過程中，更能體會「走在旅途上，不要待在旅店裡」。

在教學的過程中，如何定義自己是一件重要的事，邊教邊學向來是我給自己的要求，勿獨善其身，需兼善天下，是一種使命感，會支持你的熱情，也該是講師應該的信念，期許在學習的路上，我們一起向上！

五、好講師大賽的致勝關鍵：

1.多講故事，少講道理，學習翻譯專業

2.以終為始，以人為本，聚焦聽眾需求

3.不斷淬練分享，終會不同凡響

六、勉勵所有新進講師的一句話座右銘：

學習 - 生生不息，態度 - 決定高度

七、連絡資訊：

James.hsu0630@gmail.com

八、訪談影片：

https://youtu.be/GQ2fn9upfWQ?t=28

好講師心得筆記

一、你有「講者五力」嗎？
　　開場力、專業力、互動力、邏輯力、故事力
二、你會善用這些方法嗎？
1. 多講故事，少講道理，學習翻譯專業
2. 以終為始，以人為本，聚焦聽眾需求
3. 不斷淬練分享，終會不同凡響
三、本篇心得

找到定位、貢獻價值、廣為宣傳、持續做到

一、姓名及職稱：

ABoCo 沈寶仁老師

二、好講師大賽經歷；

第二屆 2014 我是好講師（台灣十強）

2014 我是好講師（大陸百強 & 最佳課件獎）

三、專業 / 講題 / 專長 / 證照

1.BNI 商務引薦平台

2.EMBA 沒教的貴人學

3.「藉由名片資訊快速建立數位人脈通路的方法」國家發明專利

4.著作：

a 把陌生人變貴人：阿寶哥教你平民翻身的人脈學

a 早起，把你的生意做大 - 從交際到交心的晨型人脈商務學

c 知名鍍金術 - 擦亮別人看你的眼（影音 DVD）

四、參加好講師大賽的收穫；

大量快速認識大量的大陸講師和教授，

于洪澤老師分享的 2-7-1 演講架構。

五、好講師大賽的致勝關鍵：

1.聚焦在自己最擅長的領域

2.無數次的持續操練（一件事做一千次 vs 一千件事各做一次）

3.說自己做到的

六、勉勵所有新進講師的座右銘：

找到定位、貢獻價值、廣為宣傳、持續做到

七、連絡資訊

http://ABoCo.com

http://BNI168.com

LineID:@ABoCo

八、訪談影片：

https://youtu.be/l_EmBTb-H_M?t=20

【延伸學習】

三招創造好人脈 ABoCo 沈寶仁

對於商務人士而言，最需要的就是客人與貴人，有源源不絕的客人，可以讓業績興盛，有幫助支持的貴人，可以獲得更多資源改變人生！

問題是客人與貴人從何而來？地球有 70 億人口，如果連見過面、換過名片的人，都沒有辦法變成我們的客人或貴人，那　我們還能期待誰呢？

有緣人變成客人與貴人的兩項關鍵因素分別是「讓他們知道你」與「持續照亮」！

交換名片之後，如果對方看一眼就把你的名片收起來，這樣是不可

261

能瞭解你的背景、優勢與價值，如果對你不瞭解，就不可能建立信任感，更不可能有達成交易的機會。

即使你專程拜訪或請喝下午茶，讓對方有機會深入認識你，但常常會因為機緣未到，沒有成交！你就會再想辦法開發新的對象，但卻忘記要向太陽般的光芒持續照亮溫暖有緣人，讓有緣人知道你的存在、價值與現況！因為貴人多忘事，等到貴人有新的需求，鐵定不會聯想到你，你將錯失新的任何機會！

ABoCo 阿寶哥發明三個簡易可行的方法，分別用 ABC 三個英文字母代表 Action 行動、Bright 照亮、Continue 持續，稱為 ABC 黃金人脈經營法！交換名片後，只要落實這三個簡單的方式，就能有效將交換名片的人脈逐步轉換成為客人與貴人，對商務人士累積人脈資源有非常大的幫助！

黃金人脈 A 計畫 --Action 行動

試想換了一疊名片，到了第二天，誰還會記得你？

若你能 Action 立即行動，把握黃金 24 小時先寄出一封問候信，將留給對方正面積極的印象，跨出經營貴人的第一步。

黃金人脈 A 計畫，讓你從持有對方名片到建立聯絡管道，開啟通往貴人心門之鑰。

黃金人脈 A 計畫的重點是「快」！

試想如果是 24 天後才收到你的問候信，對方還會對你有印象嗎？

快，不見得可以讓對方立即成為你的客人或貴人，但絕對可以讓你脫穎而出，藉此開啟後續的 B 計畫。若忽略這個動作，很難再有後續聯繫的好理由。

黃金人脈 B 計畫 --Bright 照亮

雖然 A 計畫可以讓對方印象深刻，不過貴人多忘事，你還是要透過

每個月一次數位照亮 Bright，提供你的關心、現況與專業訊息分享，讓對方一直注意到你的存在與價值！

換句話說，B 計畫讓你「自然而然」地維繫與對方的關係，持續提供價值給對方，逐漸加強信任感後，才有機會發展出互惠關係。

黃金人脈 B 計畫的重點是訊息要「個人化」！

商務人士的信件匣每天都會收到一堆郵件，如果你寄的信件主旨沒有「個人化」，沒有寫上對方的尊稱，如：阿寶哥您好、大衛總裁您好……，很容易不被視為重要信件而忽略。

一個月只要 Bright 數位照亮一次，提醒對方你的存在又不會打擾到對方，有緣再見時會有一見如故的熟悉感，甚至在未來，水到渠成變為你的客人與貴人。

黃金人脈 C 計畫 --Continue 持續

打造黃金人脈，一定要持續才會產生力量與結果！持續，才能建立信任感，進一步在你的人脈圈建立個人品牌，吸引貴人主動與你結識。

持續的關鍵就是：簡單化、重複做！交換名片以後，你是不是能夠快速地完成名片管理 A 計畫，寄送 OnlyYou 含有對方尊稱的個人化簡訊與電子郵件？如果沒有好工具，肯定會花上很多時間在整理名片做行銷，最終必定會放棄，又要回到喝酒應酬的方式經營有限的人脈。

黃金人脈 C 計畫的重點是「善用工具」！

經營十位人脈需要靠「心力」，累積一百位人脈就需要靠「工具」！商務人士時間有限，應該把全力放在精進專業上！人脈的累積、客戶的關係管理，只要選擇正確的有效工具，就能讓您的事業因為人脈加持而更寬廣，創造無限可能！

ABC 黃金人脈經營法是您幫助啟動人脈經營寶藏的一把鑰匙！讀完這篇文章，您知道哪個步驟最重要？就是 Action 行動！

答對了！若不行動，一切歸零！

有心動 - 沒行動 = 零

有機會 - 沒抓住 = 零

有知識 - 沒應用 = 零

有行動 - 沒堅持 = 零

請立即行動到筆者網站 ABoCo.com「互為貴人登錄區」，您可以立即收到我的「人脈經營寶典」電子書做為結緣的禮物，讓我們也因為 ABC 行動後持續互相照亮，成為彼此的貴人吧！

（因篇幅有限，本文更多補充說明請上 ABoCo 沈寶仁老師網站：ABoCo.com）

好講師心得筆記

一、如何善用 ABC 黃金人脈經營法？

二、你有這些特質？

　　1. 聚焦在自己最擅長的領域

　　2. 無數次的持續操練

　　3. 說自己做到的

三、本篇心得

不需要很厲害才能開始，
但一定要開始才能很厲害

一、姓名及職稱：

陳柏帆老師

訓練規劃師 / 專任講師

二、好講師大賽經歷：

第七屆 2019 華人好講師 / 台灣前 30 強

第八屆 2020 華人好講師 / 金科講師

三、工作 / 專業 / 講題 / 專長 / 證照

1. 現任 : 昕禾文創教育 / 訓練規劃師 / 專任講師

2. 經歷 : 知名電子公司 / 資深主管

3. 講題 : 領導管理 / 職場溝通 / 講師培訓 / 當責執行

4. 新北市口才訓練協進會認證企業講師

四、參加好講師大賽的收穫：

1. 認識許多有志一同的講師夥伴，雖距離第一次參加已有 3 年時間，除了仍保持聯絡之外，我們也時常相互分享培訓資訊與相互鼓舞勉勵。

2. 了解到業界講師的博大精深，在參加好講師比賽之前，我大多的課程邀約或是培訓均以社團居多，來到好講師的培訓之後，我才逐漸發覺到企業講師的能耐與能力，這與我過往的社團經驗是截然不同的，也因此透過好講師的培訓之後，我終於也找到適合自己的定位 - 企業講師，這也是我認為參賽中最大的收穫。

3. 授課能力的提升。參加好講師比賽有一點是我印象最深刻的 - 精煉。透

過每一次的試講之後，總有專業的導師給予精準的回饋點評，從這個過程中不斷的從課程設計開始、自我練習、導師回饋到有效的修正，一次一次，而當回過頭再來看的時候，就會發現現在的自己已經向前邁進一大步了。

五、好講師大賽的致勝關鍵：

1. 願意報名參加大賽，挑戰自己

要能得獎，總得先報名參加比賽吧！

我在 2018 首次取得賽事資訊，當時因為怯場不敢參加，直到 2019 自己覺得可以了才參加，而實際上，2019 的自己超嫩，如果當時能夠在 2018 先來參賽，體驗一下系統化的精煉，或許現在會更不一樣，也因此我把握機會，2020 又來參加了。

2. 找出適合自己的風格

2019 年的賽事中，真的有許多超級優秀又厲害的老師，有的甚至還是一方的達人，每一個老師都很有授課的水準，內容也都精彩豐富。然而在那個時間裡，其實每個老師的風格我都想學，越想學就會發現越凌亂，到最後我才發現原來是個人風格問題，所以如果您有聽我 2020 的賽事，就會發現我跟 2019 的風格相差甚多，當然成績也差很多哦！

3. 多說故事、少說理論

我常擔任社團演講比賽的評審，我老是這樣說道:10 個參賽者有 9 個在講理論，另外的 1 個是離題。我覺得比賽應該是一種將個人生命經驗，透過演說而產生對聽眾的影響力，哪怕是傳遞知識也好，分享歷程也罷。如果一昧地闡述理論，聽眾比較容易乏味，評審也是無法給高分。

六、勉勵所有新進講師的座右銘：

1. 把自己練強，就不需要護航

2. 不需要很厲害才能開始，但一定要開始才能很厲害

七、連絡資訊：

FB:Pofanchen

Line:Pofanchen

電話:0939-381387

八、訪談影片：

https://youtu.be/QmL7M4FBV_I?t=18

```
· · · · · · · · · · · · · · · · · · · · · · · · · · · · · ·

            好講師心得筆記

  一、你對這句話的解讀？
     不需要很厲害才能開始，但一定要開始才能很厲害
  二、你有這些特質嗎？
     1.挑戰自己 2.找出適合自己的風格 3.多說故事、少說理論
  三、本篇心得

· · · · · · · · · · · · · · · · · · · · · · · · · · · · · ·
```

虛心學習，可以成就自我

一、姓名及職稱：

卓永仁老師

富足康科技足墊經理

二、好講師大賽經歷：

第四屆 2016 扶輪好講師

獎項：十大好講師

三、專業 / 講題 / 專長 / 證照

1.國立中央大學生物醫學工程博士班

2.足部、脊椎養護

3.講題：

a 知「足」長樂、健康從腳開始

b 下樑不正上樑歪

c 致力於長照，追求不長照

四、參加好講師大賽的收穫：

1 臺下皆高手，能打動他，講題不會差

2 扶輪社的邀約與話題

3 學習他人不同的表達風格

五、好講師大賽的致勝關鍵：

1.熟練

2.敢於表達

3.不用怕丟臉，真的沒人記得你

六、勉勵所有新進講師的一句話座右銘：

虛心學習，可以成就自我

七、連絡資訊

FB：好鞋墊

YouTube：卓永仁

Podcast：腳的三小事

八、訪談影片：

https://youtu.be/rzQ_JBe_hDM?t=24

好講師心得筆記

一、你對這句話的解讀？
　　虛心學習，可以成就自我
二、你有這些特質嗎？
　　1. 熟練 2. 敢於表達 3. 不用怕丟臉，真的沒人記得你
三、本篇心得

我是玩「音」的

一、姓名及職稱：

卓芳儀老師

二、好講師大賽經歷：

第五屆 2017 扶輪好講師／台灣十強

三、工作／專業／講題／專長／證照

1. 活動主持人

2. 電視.電台節目主持人

3. 大學講師

四、參加好講師大賽的收穫：

參與好講師大賽時，剛好是初嘗試講課的前幾年，分享內容主要是「聲音」，學習聲音是在擔任『電台主持人』的工作時，在工作經驗中累積經驗，而要把這些知識系統化的整理出來，分別以術科學科方式，分享給其他學員，剛開始自己真的不知道自己編列的教材，或是授課方式，是否恰當？

參加好講師比賽，比賽前多位老師精闢的講解以及演繹，比賽中不斷去做調整，有瞬間豁然開朗之感，也對自己多了許多信心，在比賽之後，也認識優秀的好講師，衍生合作專案，與講課機會。

五、好講師大賽的致勝關鍵：

1. 各學科的知識萬萬千，在有限的時間內，要找出最精華，含金量最高的部分

2. 有了內容之後，就要仔細琢摩表達方式，建議可以著重與台下評審及學員的互動

3. 由於是「講師」比賽，建議在比賽時，要調整在台上的狀態，把

自己當成講師，而不是參賽者，這兩者之間的存在感和氣勢會略略有差

六、勉勵所有新進講師的座右銘：

找到自己聲音的特色，善用各種音效及情境，可以加強授課的力道與影響力！

七、連絡資訊

FB: 芳儀的外景節目 KIWIGO

八、訪談影片：

https://youtu.be/NbxxsXBU8pM?t=18

好講師心得筆記

一、你如何與台下評審及學員互動？

二、你有找到自己聲音的特色嗎？

三、本篇心得

奔向比賽，看見自己的進步有多大！

一、姓名及職稱：

廖琇儀老師

果丘文創執行長

二、好講師大賽經歷：

第七屆 2019 華人好講師

2019 我是好講師（大陸）

獎項：以主題「感動服務．魅力圈粉」榮獲「全國三十強」、「最佳演繹獎」

三、專業 / 講題 / 專長 / 證照

1. 婚嫁禮俗文化與進化的帶領和授課

2. 主持口說表達與創意主題激發

3. 觸動人心的溝通技巧

四、參加好講師大賽的收穫：

得獎是一種肯定的的獲。除此之久，我還收獲了「三度空間」！

1. 打開『能見度』

自渡是一種能力，渡人是一種格局。華人好講師打造專業平台，並且比賽過程中安排知名講師來指導，每位講師那種不藏私的傾囊相授、耐心的針對每個參者的獨特性，講評、提點、修正，那種樂於分享．善於引導的胸懷，使人不但對自己有期待，也同時把台灣參賽者之間的情感聚集在一起，那種為彼此感染加油打氣，一人一點亮，我們大夥都串成了滿天星，滿天星斗陪你走，你當然可以走的更遠，這真的是非常可貴的輕驗。

2.提升『學習度』

因為整個賽程時間緊湊，反而激發出自己的腎上腺，在導師的引導下你會快速的將『專業』及『經驗』整合在一起，確認提取的方向，靠著一次一次的練習，不斷的打磨拋光，不斷的精練，型塑更優化呈現。

3.面對『誠實度』

從猶豫是否參賽到整個賽程的結束，接納自己的一體兩面，那就是「恐懼」與「勇氣」並肩同行。勇敢不是不再害怕，是為了不讓害怕放大！就算怕了，也願意去努力。就像導遊帶路一樣，帶著自己經歷不曾看過的風景，也收穫不曾遇見的自己。

所以，恐懼的時侯怎麼辦？多走兩步試試看！

五、好講師大賽的致勝關鍵：

我認為致勝關鍵是自己心要夠穩夠定，你知道你給出去的這些東西除了是市場要的，而且是一股「向善」的念頭，你希望把這武功呈現，可以讓更多人一起變好，讓更多人多了一種選擇的方式，這東西是騙不了人的。

我還記得我參賽的主題『感動服務．魅力圈粉』決賽當天評審給我的評語是：講感動服務的人很多，而琇儀你呈現出來的，就如同你提到的感動服務的核心是想在客人之前，『眼神裡有光采、靈魂裡有笑聲』，這就是你！我們感受到了，我想比賽的致勝關鍵，就是『內外合一』。

六、勉勵所有新進講師的座右銘：

為自己打下「轉骨站」，奔向比賽不是擔心別人對自己的評價有多差，而是看見自己的進步有多大！

七、連絡資訊：

果丘文創整合有限公司

goodqiu616@gmail.com

FB: 果丘文創整合 § 坐椅　聊一聊

https://www.facebook.com/goodqiu

line:joy641

八、訪談影片：

https://youtu.be/kVEQLuWbCi8?t=22

好講師心得筆記

一、你有這個特質嗎？
　　眼神裡有光采、靈魂裡有笑聲
二、描述你自己的「三度空間」？
三、本篇心得

知識改變命運，學習創造財富，培訓提升價值

一、姓名及職稱：

黃智遠（安迪教練）

二、好講師大賽經歷

第八屆 2020 華人好講師／最佳風采獎

三、專業 / 講題 / 專長 / 證照

1.兩家企業負責人、講師、獅子會長

2.講題：遇見你的天賦 - 輕鬆做人生贏家、

啟動你的高效人際密碼

3.證照：催眠、NLP、DISC、心智圖、天賦優勢心理學

四、參加好講師大賽的收穫：

授課跟比賽是很不一樣的體驗，如何在短短 10-15 分鐘展現自己的專業、精準的表達，展現自己的風采，這都是需要刻意練習。

在此次比賽，智遠的收穫有以下三點：

1.在練習過程中更精進了許多技巧。

2.在比賽過程向其他優秀的選手學習。

3.在評審的點評中看見自己還可以提升的地方

真心鼓勵講師們來參賽，進而提昇自己，為自己的人生留下一個獨特的學習過程跟經驗，進而為自己爭取一個榮耀。

五、好講師大賽的致勝關鍵：

感謝評審的青睞，讓智遠在這次比賽中獲得了最佳風采獎，也跟大家分享我認為自己致勝的三個關鍵：

1.事前的準備

無論我們做任何事，事前的準備這是必備的條件，俗話說：台上三分鐘、台下十年功！在智遠見過所有優秀的講師們，除了極少數的人是天生的演說家，幾乎所有人都是事前充份的準備跟刻意練習，才有台上精湛的演出，所以，事前的準備是第一要務。

2.放鬆的心情

透過幾個放鬆的方法，例如：421呼吸法、自我激勵法、笑容放鬆法、潛意識冥想法……等的放鬆方法，加上事前作做足了充分的準備跟練習，定能有良好的表現。

3.自信的表達

在做足事前的準備跟內在的放鬆之後，剩餘的就是上台展現你的風采。

演講時如何自信表達，智遠也有三個技巧分享給大家：

1、調整情緒、從容不迫上台。

2、定場、找到台下善意的眼神交流。

3、演出你的情緒、說出你的內容，展現肢體的風采。

當以上幾個關鍵技巧都能夠運用得宜，相信會是一場精彩的演出。

六、勉勵所有新進講師的座右銘：

知識改變命運，學習創造財富，培訓提升價值

七、連絡資訊：

FB：黃智遠（AndyHuang）

LineID:0910397085

八、訪談影片：

https://youtu.be/Ze-jzoo24cw?t=27

好講師心得筆記

一、你對這句話的解讀？
　　知識改變命運，學習創造財富，培訓提升價值～
二、你有這些特質嗎？
　　1 調整情緒、從容不迫上台。
　　2 定場、找到台下善意的眼神交流。
　　3 演出你的情緒、說出你的內容，展現肢體的風采。
三、本篇心得

做，就對了

一、姓名及職稱：

竺青玉老師

二、好講師大賽經歷：

第八屆 2020 華人好講師 - 前 10 強講師

第九屆 2021 華人好講師 - 導師

2021 中階培訓師認證

三、專業 / 講題 / 專長 / 證照

找一件喜歡的事情，並且想辦法靠他賺錢！

1.演講和寫作是青玉喜歡的的工作，40 年的教學來到 60 歲，培訓和傳承是青玉現在必須進行的事。

2.學術研究領域從商業、營養和美學，發展消費商機、蔬果防癌、防制藥物濫用和關心高齡者的社會科學民生主題演講。

3.跨領域專長必須善用工具和資源才能有效率多功能。青玉運用電腦教學和媒體行銷企劃的多年經驗，智慧手機帶動自媒體蓬勃發展商機；整合身體的健康心理的快樂和成功的創業 3 個面向，一起健康一起快樂一起賺錢。培訓手機教學的講師，同時友善手機學習環境，這是年輕人的創業，也是高齡者自主學習和創造影音生命的故事的開始。

四、參加好講師大賽的收穫：

1.觀摩學習，與時俱進

感謝華人好講師大賽，即使演說很久的人，也要精進講師的課程內容規劃，青玉必須看看別人在做什麼？他們怎麼做？怎麼想？經過參與比賽，這真是太棒了，可以正大光明的學習到各家的功夫，展現無窮創意。

2.行銷自己，推展理念

青玉也必須透過比賽讓受眾知道青玉在做什麼？青玉怎麼做？怎麼想？參賽更是完美兼具多功能。講師上台可以正大光明的講述自己的理想和道理，超級無敵大的廣宣效益，從比賽前到比賽以及比賽之後都不斷會有延伸的效果。這個廣告 CP 值是最高的，就看自己如何發揮效益。

五、好講師大賽的致勝關鍵？

1.精準到位

精準到位 x3，說三次好重要！青玉自己也曾經踢過這樣的鐵板。比賽前往往很難去蕪存菁，覺得每個都很重要，針對主題，鎖定目標，配合內容適當的語調，聽眾才能有收穫，更何況是專業評審的認定。

2.臨場穩定

機智與淡定，很重要。不論是現場設備或是觀眾情緒都可能影響表現。沒參賽的人，以為時間太長自己講不了這麼久，其實比賽現場因為內容設計好，真的引起觀眾共鳴興奮，雖然是預期的事，但是有很多講師會因此興致高昂，突然一發不可收拾，多說了很多枝節，無法精煉，破壞架構時間分配，沒說完就超時，只能草草結尾或是根本來不及結尾。

3.儀表出眾

服裝與態度，是最基本的。一眼就定論講師。上台不要讓人家懷疑，哪位是講師呢？即使練習，青玉們要養成習慣穿上合適的服裝配件和化妝，任何比賽，評分規則裡面都有服裝儀容類項目，如果對於最基本能做到都不在意，要從哪裡再贏過來補分呢？

六、如何輔導新進講師：

1.認真和精進

< 講師精進研習 > 是青玉進行傳承的心願。

< 找對老師找對心法 > 可以少走彎路，是青玉對自己提出的重大任

務。用生命影響生命，用態度影響態度。青玉只教認真的想要精進的願意歸零學習的講師。

第九屆華人好講師比賽，認真陪伴了十多位認真的學習型講師參賽。每一位各有專業在自己的領域都非常的傑出。有創業陳佑宣講師，品管楊宗勳講師，美學朱瑞芬講師，自然志工王月嬌講師、商業行銷魏語柔講師、兒童腦力江艾珊講師，田園高美桂講師，小資女代表郭亭亞講師、經絡調理沈佩怡講師、激勵人心的鐵人李龍興講師、認識自己咪兔講師、命理馬湘媛講師、趨勢彭仕勳講師、楊超槃講師、沈煒庭講師……。如何教講師蛻變成就更好的自己，讓更多人理解。對青玉來說，更是要有多種的歷練和領導的意志。

2. 優化和自信

感謝華人好講師的賽事舉辦和評審團與各界前輩，賽前就有各種指導培訓活動，讓青玉可以鼓勵更多的素人講師參加歷練。在帶領的過程，青玉總是不斷的先優化講師和自己，一層一層的往上，看到這些講師比青玉更強的地方，看到他自己沒辦法看到的格局，十幾位素人講師進入前 30 強，其中有三位進入前十強。

優化和自信，包含了建立參賽講師的自信，也包含青玉自己對親自培訓講師堅定的信念，感謝每一位講師願意一起努力，最後都有不同的主題來展現他自己的理念和故事，奠定專業地位。

七、勉勵所有新進講師的一句話座右銘：

＜做，就對了＞

自律帶來自信，40 年青玉不斷修練講師的素養：會說也要會做。青玉非常鼓勵大家參賽，問太多，想太多，不如直接行動。講師是行動載體，講師就是一個翻譯機，不斷的創造更多更簡單的溝通，一句話：＜做，就對了＞，

八、培訓師是延伸任務：

2020 除了參賽講師，青玉同時也取得初階培訓師的認證。多年執行培訓任務，了解其中意義深遠，一個培訓師，必定要能夠建立合作團隊。2021 青玉除了陪伴 15 位講師參賽，郭亭亞、陳佑宣、李琳瓊、朱瑞芬、楊宗勳、江艾珊、馬湘媛、王月嬌、高美桂、魏語柔、曾李洺茹等 11 位講師參加培訓課，取得培訓師認證。

2021 也是第一次舉辦中階培訓師認證，青玉以身作則立刻申請，成為年度唯一領證的中階培訓師，期待大家日後可以有更多合作，實踐一起共學一起共好的願景。

九、連絡資訊：

Fb: 竺靜玉（青玉）
email：dreamrabbit888gmail.com
LINE：dreamrabbit888
電話：0932223601

十、訪談影片：

https://youtu.be/CJ0v5mdkqjQ?t=18

好講師心得筆記

一、你對這句話的解讀？找一件喜歡的事情，並且想辦法靠他賺錢！
二、你有這些特質嗎？
　　1. 精準到位 2. 臨場穩定 3. 儀表出眾
三、本篇心得

名師對好講師的講評

―――　　　八名師　　　―――

張淡生

中華華人講師聯盟創會長，1977 年進入保險業，培養多位會長級高手，是海內外知名演講家。

林齊國

國際獅子會 2016-2018 國際理事、華僑協會總會理事長、中華華人講師聯盟改制後第一屆理事長、典華幸福機構學習長、双美生物科技學習長。

鄭雲龍

典傳智慧知識公司、身體智慧有限公司執行長、中華華人講師聯盟第十屆理事長、2014 年中國培訓我是好講師大賽，榮獲最高榮譽『中國前 30 強』頭銜。

羅懿芬

卓越華人訓練團隊執行總監、台灣第 50、56 屆廣播金鐘獎評審、華人好講師大賽評審長、中華民國健言社第 23 屆理事長，是各界歡迎的演講授課專家。

彭智明

彭氏氣功創辦人，彭祖第 72 代子孫，BNI 基隆、宜蘭、淡水地區執行董事，華人講師聯盟 2022 年副理事長。

謝聰評

BNI(Business Network International 國際商務人脈網) 台灣創辦人，至 2022 年已經有七千多位會員，120 個分會。

吳進益 (大馬)

馬來西亞講師協會 2022 年主席，信念潛能開發導師，在東南亞、台灣、大陸，引導甚多企業和創業家成功。

陳華 (中國)

中國著名心理諮詢師、婚姻家庭諮詢師、理財規劃師。婚姻講座《將幸福進行到底》全國巡講三千多場次。

好講師商業經營

張淡生

我是 1977 年進入保險行銷界的。

經由自我磨鍊，我從最基層的業務人員到龐大團隊和多位會長級高手的處經理。

雖然我有數千位客戶和數百位傑出的業務高手，但在成績達到巔峰的時候，我覺得我還可以用我有與眾不同的能力，去貢獻社會大眾。

我想到，如果我用文字和演講，將是可以更造福社會。

1997 年，我寫出了第一本書「超速成功 50 招」，經過縝密的規劃，這本書的新書發表會，創造驚人的效果。

千人新書發表會，打破台灣新書發表紀錄，在台北市市中心的社教館，市議員秦慧珠幫我主持，名師黑幼龍、陳安之和名企業家多人站台推薦，版稅捐給兩個公益機構，現場狂銷了 2 千本，兩年內達到兩萬本，繼而各方邀約不斷，用分身乏術形容絕不為過。

在無法面面俱到的窘境下，我想到了用分身來服務大眾的想法，我進錄音室錄音，24 片的 CD「優者勝出」很快出版，補足了無法親身作分享的困擾。

CD 行銷了 2 萬套，風行了台灣各地，更在大陸、東南亞，風行一時。

演講事業會不會影響我的本業，我可以見證的說，不但不會，反而是讓我的本業更加有效力和成果。我的經營單位裡，有很多慕名而來的高手。

有很多的客戶是聽了 CD，透過信件或電話自行上門的。

這些客戶信任我，他們將他們的資產傳承大問題交給我，好幾個億的保險額度就這樣創造出來。

在以前並沒有斜槓經營的名稱，但我這一發群即是斜槓的最大理念。

無論是夥伴或客戶，他們都說，從我的字裡行間和聲音裡，了解我和揣摩他可以從我這裡得到甚麼樣的收穫。

我也努力經營社團，我擔任過 1997-98 年台北安和扶輪社社長，這是一個知名度頗高，都是名企業家、教授、學者、政府官員聚集的社團，我用心發揮，他們都相當肯定我。

2006 年，我和幾位好友，創辦了華人講師聯盟，開啟了台灣講師聯誼的新頁，經過十多年的發展，講師聯盟是華人社會最大且知名度最高的講師社團。

擔任講師，讓生命多彩多姿，活用商業模式，讓你的生命受益和付出都有非同尋常的影響力！

有心要擔任講師這時間自主管理、無地域限制、有社會影響力、收入也無限巨大的志業，你可以勇於加入，創造你生命的光芒！

好講師社會高度

林齊國

現在是劇烈轉變的世紀，先是疫情改變了商業模式和學習模式，各國專家都認為不會打的俄烏戰爭，就真的在俄羅斯的發動下開啟了戰端；大家都在說：怎麼會這樣？如何應變？該如何從變化中找出自己的生存之道。

當中很重要的，是要努力的提升看事情的高度和增加學習的廣度！

人呀！本就各有所長，當付出的努力又不同，結果必然有所差別。

如果您計畫投入講師領域，我認為需要具備幾個條件：

第一，能否看出他人看不到的問題，能不能夠穿過表象看到事物的本質。

第二，對於所探討事物的除了有自己的看法，還可以準確進行預測。

第三，您的預測，自己能不能做得到，您是否肯定的執行！

您要站在制高點掌握時代變化，在無法預測的變化中，找到一條道路。

我是從寮國逃到台灣的難民，帶著年邁雙親和年幼弟妹撤退來台，一家 7 口擠在 16 坪大的房子。

來到台灣，看到大家都在艱困環境下奮鬥，我認為，雖然台灣社會福利沒有歐美國家好，但我相信，留在台灣和大家一樣努力，我一定能闖出一片天，這就是當年的我所看到的未來。

當然也不是一帆風順，只是我總是踏踏實實的做，面對問題就誠意

解決，從不做超出自己能力的投資，專注的在自己的事業中，超過 40 年的努力，早已成為台灣首屈一指的婚禮宴會品牌；這兩年的疫情讓很多業者不支倒閉，幸而齊國多年的穩健經營，截至目前為止還能支持下去。

除了事業以外，我不僅投入公益，更常受邀至民間社團、企業、學校 ... 擔任專題講師！

我認為，自己可以在改變中找出生存之道，有一點很重要，就是我喜歡聆聽各行各業的朋友分享，當然也樂意貢獻自己所學所知。因為願意學習，同時不吝付出，因此能得到更多的能量。

講師應該要有高度，高度是眼光，高度是能夠給予學員和聽眾有收穫和刺激。

當您擁有一缸水的眼光，您就可以做一缸水的生意。

當有一片湖的眼光，您就可以做一片湖的生意。

您擁有五湖四海的眼光，那麼您就可以做天下的生意！

速度決定高度，高度就是指一個人的胸襟、膽識等心理要素的內在布局。

謀大事者必要布大局，人生這盤棋，要學習的不是技巧，而是布局。

大格局，即以大視角切入人生，力求站得更高、看得更遠、做得更大。

大格局決定著事情發展的方向，掌控了大格局，也就掌控了局勢。

優質講師可以透過努力，賺取收入，獲得人們的尊重，更能發揮影響力。

講師是個人品牌的呈現，您完全可以做自己的主人，決定您要帶什麼給這個世界！至於是把講師當成一份有收入的工作，或者要期許能為這個世界帶來什麼不同，就交給您自己細細思量囉！

好講師的好肢體

鄭雲龍

　　一位講師上了舞台，他走到哪裡，觀眾的目光就緊緊跟隨，講師一微笑，全場就跟著笑，一舉手投足，人們情緒便隨之起伏，他可以讓聽眾全身心的投入而忘了時間，這就是我們所說的「有魅力的講師」！

　　講師的魅力是來自於充滿自信地表達自己的想法、感受、價值觀，他的狀態呈現的是一個「最佳的狀態」。在這種狀態下，語言溝通一定是深刻精準的，但能真正打動人心的卻是來自他豐富的『非語言溝通』，包括：聲音語調、節奏、姿態、眼神、表情、手勢等等，一位好講師，就是要在邏輯表達之外，練就豐富的『非語言溝通』表達能力。

　　演講是一門語言藝術，至少有兩層轉化，第一層轉化是將知識或技術轉化成講綱，靠的是精準的邏輯結構，第二層則是將講綱轉化成舞台上的表演，靠的是聲音語調與肢體表情。

　　在肢體表情的部分，有以下 5 點提供好講師們參考：

　　1. 延伸脊椎、頂天立地：延伸脊椎其實就是想像自己正在量身高，這是一種正向姿勢，可以讓你感到自信，但要注意不要緊繃，而是輕鬆的頂天立地，感覺自己呼吸很輕鬆，那這樣的姿勢就對了。

　　2. 佔據空間、自由走動：不只是舞台，更應該將整個演講廳視為自己的『控制區域』，拿了麥克風你就是主人，在延伸脊椎的基礎下自由輕鬆的在舞台走動，走動時一手持麥克風，另一手展開手臂，風采自然而生。

3. 展開手臂、開放手勢：手勢要大方自信，關鍵是將手肘離開身體並向外延伸，避免如企鵝般將上臂或肘部緊貼身體，這是沒自信的表現，靈活運用指法（1 指向天）、拳法（有力握拳）、掌法（五指合併立掌或平掌），輔助表達的力度。

4. 表情親切、自然豐富：表情由情緒所引發，雖然親切愉快的表情永遠受人歡迎，但為了演講張力的起伏，也要多練習用不同情緒，如熱情、愉悅、嚴謹這三種情緒來說話，可分別錄影下來自我檢視，反覆練習讓表情更自然豐富。

5. 眼神對焦、具穿透力：用眼神來關照聽眾，講師要跟聽眾們的眼神交會，眼光切勿從觀眾頭頂飄過，要小心跟觀眾對上眼的時間請勿過久，大約 2 秒鐘就要移到另一人身上，如此輪替對所有人表達關切。可以多點時間望向前方、中間一群人，但偶爾也要配合走位由左到右掃視全場。

有魅力的好講師必然善用肢體表情，讓我們在講師路上藉由正向姿勢維持最佳狀態，一起持續精進，凱歌高奏迎向更好的未來。

好講師的好口條

羅懿芬

　　21 世紀是科技高度發展的世代，在科技便利下，訊息傳遞越來越多元、節奏也越來越快；因訊息每天爆量的影響，現在的學員注意力普遍較不集中、也不容易有耐性；所以講師在台上說話時，如果不能讓學員聽的清楚並明確理解所說的內容，接下來學員就容易分心、不耐煩、很難跟著講師的步調走；這樣再好的課程也可能事倍功半；因此「好口條」不僅是講師專業的展現、也會影響學員對課程的投入度與學習效益！

　　好口條，是所有內容在表達過程中重要的媒介，也是學員在課堂上接收訊息時，對講師感受最明顯的部分；個人認為講師的「好口條」應該具備：說清楚、講明白、要流暢三個基本要素。

　　一、說清楚：講話時口齒清晰能讓人聽的更清楚，尤其講師在台上分享時，避免因發音含糊、吃字甚或詞不達意造成學員的混淆或會錯意；並宜適度變化語調與語速帶入不同情境，都能讓講師的內容更明確有效率的傳遞，也會讓學員在過程中感受更舒服。

　　二、講明白：口語表達與文字表達最大的差異點在於「即時性」，如果講師講話內容太跳躍或前言不對後語，當下學員沒聽懂或突然理解卡住，可能接下來講師講的內容就會錯過、無法順利的連結。所以講話的內容先整理好，有條有理有邏輯，對方才容易聽的懂，再加上適當的比喻及案例輔助，更能減輕學員理解過程的負擔。

　　三、要流暢：講師在台上表達的流暢度也是講師專業形象的展現之

一，如果內容不熟悉、緊張忘詞、講話卡卡，或是反覆出現倒帶、口頭禪及贅詞，對學員來講都會是干擾，一個個的小干擾就會形成蝴蝶效應，影響學員的學習感受。透過事前準備、鍛練與自信建立，對口條流暢度會有很大的提升。

我十多年來已擔任超過百場講師認證及講師比賽評審，個人覺得講師行業其實是一項工程；一位好講師除了專業經營與課程設計外，好口條也是講師課程優化的化妝師，不僅能讓學員輕鬆進入學習情境、有效理解課程內容，也會讓講師表達力更清晰明確、減少學員有摸不著頭緒的混亂，進而提升講師的專業形象。

好講師的精氣神

彭智明

　　宇宙的原理對人來說，就是內在、外在世界，內在強大，自然外在豐盛，也就是古語所說的心想事成。

　　講師的責任是傳道、授業、解惑，如果想要如實實踐，就是要強化講師的精氣神，提升內在能量，外在世界因而如同想像般的具體形成。

　　甚麼是「好講師的精氣神」。

　　剛好智明是彭氏氣功的創辦人，自 2016 年中，把原來定位為簡單易行的健身法的彭氏氣功，升級為強力的練心術，就是有一天智明突然想通：心是一切的本源，只要心力強大，就容易心想事成、順心如意。

　　人生在世，無法是身心的覺受，我認為只要

　　把氣調順，

　　搞定身心，

　　無往不利。

　　智明身為華盟的一員講師，曾經到過上百個公司團體分享彭氏氣功，包括 50 個扶輪社演講，通常是分享「練心術」與調息秘法，每天只要三分鐘，輕易上道：心安，身定，道隆。

　　智明認為從調氣著手，把身體搞定，就是調順精氣神，容易安定身心，道～就是事業～自然興隆。

　　智明認為太極圖很有道理，一陰一陽、一黑一白，老天爺可能沒有定義何謂成功失敗，只要內在能量超過五成以上，人們做事就覺得比較

順利，反之則卡卡。

　　所以智明認為，只要想法把精氣神調順，內在能量在五成以上（最好六成以上），那時候做任何事情，就處於一個準備好的狀態，過關的機率就會變高。

　　智明過去曾任世界三大通訊社特派員，在二十幾年的記者生涯中，體會到新聞三要：為什麼，下一步，大方向。我用這三要來要求彭氏氣功，帶著記者批判的思考來創立彭氏氣功，如何才是最有效率，市場最需要的練功法？

　　過去我認為霆斬是家傳的高強武術，2010 年我把它轉化成為簡單易行的健身法，2016 年我再次將其升級成為強力的「練心術」。

　　我認為把練氣當作最重要的事，時間每天控制在 10 分鐘內，容易長期執行，並把身體打造為完美利器，來執行你的意志，享受精彩人生。

　　一般人每天做任何事都在用散亂的心，若能強化心力，集中火力，就容易突破障礙，順心如意。

　　練氣即練心，心強一切順。

　　調順精氣神，成為好講師。

好講師社團經營

謝聰評

　　好講師這個名詞對我而言，就是一個好的領導人，要能夠做好領導示範、示範領導。

　　所以，好講師必須在自己的專業領域達到一定的層次績效成果。

　　如此，讓想學習的人可以得到實質的經驗收穫，當學員穫得的不只是知識的學習更是經驗的傳承，不只是有信心而且更有信任，就能達到教學相長互相助益。

　　好講師要能在社團平台上發揮所長，當然平常也要經常操練基本功。

　　有句話說：勤練基本功；萬事皆可通。

　　好講師的基本功是分享知識、啟發智慧。

　　好講師更要了解自己的天賦及成功特質，越能自我了解就越能善用天賦做出成果。

　　越能發現自己的人格特質天賦能力，就越能發展專業領域的獨特風格，在社團平台的經營就越能發揮自己的專長創造績效。

　　好講師就是好的領導人，那就除了做好傳道、授業、解惑，運用社團平台幫助更多人，也因為我們的教導對個人成長、家庭和諧、事業發展、人生意義都有所啟發，並能永續的傳承，所以我們也教培育教導傳承給更多共同價值觀的人才，一起成為好講師，擴大影響社會的層面並且實現自我的人生願景。

　　好講師也要能接受相關社會認證，所謂認證不單是參與好講師大賽

等賽事。在各社團取得肯定更是重要是一條生命和事業的康莊大道，透過夥伴的評鑑與認可，相互之間可作為聯手和成長。

我從 2007 年起，引進 BNI(BusinessNetworkInternational 國際商務人脈網) 進入台灣，至 2022 年，已經有 130 個分會，七千多位會員，創造出來的商業價值大約百億之多。

更重要的是，BNI 的會員必須有多方面的磨鍊，其中最重要的即是口才，在 30 秒的自我介紹裡，緊湊有效的把自己的背景、行業特色講出來。

好講師加上好社團，讓自己的潛力奔放出來，讓自己的生命高度疊高。

所以建議各位，尤其是年輕的朋友，努力趁年少，年少不要只是汲汲營營打工賺錢，要多參與社團，認識社會賢達、企業家、好口才的人士，你的人生才會走出一條與眾不同的大道。

參與講師行業是實現實現人生夢想的要項，走入講師界，你會創造人生光明燦爛的一片天。

好講師跨國商模

吳進益

　　我是吳進益，是馬來西亞講師協會（簡稱大馬講協）第五任總會長，在過去的十年，我都在負責籌辦保險千人大會，也見證了大馬講師協會保險大會的成長，如今大馬講師協會所舉辦的年度保險大會已經成為了業界的品牌了。

　　或許您會覺得千人大會也沒什麼了不起，眾所周知，大馬人口才大概三千多萬人，由於是多元化種族國家，華人只佔了總人口的 18% 左右，大馬保險業務人員大約有 8 萬人，聽得懂中文的，可能只有 50%，而且保險公司及大馬保險公會每年都會舉辦保險大會，以及大大小小代理社（營業部）所舉辦的各大小月會，週會，晚會，早會等等，大大小小的學習課程幾乎數不勝數，而且這些學習會幾乎都是免費的。

　　所以，在這種大會眾多、小市場的行業領域裡舉辦千人大會，是極為挑戰；再說，一個和保險界扯不上任何關係的非盈利團體要舉辦千人大會，更是難上加難。講協是如何能夠突破困境，可以每年都成功舉辦保險千人大會呢？

　　所謂：知己知彼，百戰不殆；

　　首先：我們必須瞭解保險從業員的文化及心態。保險從業員是一群非常好學的群體，大馬保險從業員幾乎是沒有底薪（薪水）的，有業績才有佣金，沒有業績，就等著被淘汰了；再說，成功的保險從業員幾乎都是全職的，這幾乎是一個破釜沉舟的行業，基於這點，他們必須比任

何人都更加積極、更勤奮、更需要學習，這樣才能夠突破業績，脫穎而出。

第二；業績做不好的從業員有很多原因，其中一個原因就是沒有遇到好的上級或者沒有好的培訓系統；就算以上兩者皆得，除了和上級學習以外，從業員還是希望可以接觸到外面不同的世界級的保險頂尖高手。

第三；由於保險公會，保險公司，營業處單位已經提供充足的培訓，所以，從業員本身基本上就能省則省，如果價格太高的課程，一般都不會選擇參加。可是講協所提供的大會與其他大會不同，一是菁英化，每一次我們邀請的都是最尖端具實務的高手。二是客觀化，我們不做頒獎，免得和其他大會衝突重疊。三是公正化，我們不突出保險機構贊助的廣告涉入。

第四：養粉；既是培養粉絲，這個年代已經不是您有多厲害了，而是您有多厲害養粉絲，只要粉絲願意啟動粉絲團，就會一窩蜂的學員搶購支援買票入場學習。我們在過去也建立了大量的粉絲團及提供粉絲優質的回饋與服務，這樣一來，每當辦起研討會時就事半功倍了了。

由於大馬講師協會是非盈利團體，當我們在邀請講師的過程中，幾乎都會得到業界講師們的鼎力支援，因此，我們能夠提供學員最優惠的價格；講師陣容一定是吸引學員買票的關鍵。

我們曾經邀請過業界最頂尖的保險高手來助陣，比如新加坡的陳明利博士，台灣的陳亦純理事長，中國大陸的葉雲燕老師，香港的周榮佳Wave老師，紐西蘭的陳春月老師，馬來西亞的陳禮祥老師等等。

所以，每一次大會都是保險業世界級的老師擔任分享嘉賓。為了吸引早鳥購票和提供優質的服務，我們也讓提前購票團票的學員們可以免費上一些 MDRT 頂尖高手的免費課程分享，這樣一來，無形中吸引了很多學員願意提前大量的購買團票。總結，只要滿足了學員的需求與慾望，千人大會就自然水到渠成了。

好講師形象建立

陳華

我是 2001 年走進行銷行業，在台下聽著講師的課。

講師們的妙語連珠，笑容滿面，娓娓道來，肢體語言是那麼的得體，收穫着無數的掌聲與崇拜，我告訴自己，我也要成為一名受歡迎的講師。

在公司的培養下，我終於成為了一名站在講臺的講師，至今足跡遍佈了大江南，我的主打婚姻經營課程《將幸福進行到底》如今演講已超過 3000 多場次。在演講的過程當中也認識了很多講師朋友，包括超有大愛的陳亦純老師、莊秀鳳老師、張淡生老師、賴素免老師，也認識了很多想成為講師的朋友。

作為一名講師，第 1 個要重要的就是形象，這個形象不是你長得有多帥，原一平帥嗎？1 米 53 的個子對男士而言太袖珍了，但是他站在台上，足以感染整個會場，一個講師最好的形象，就是內在的激情和力量。

在別人還沒有聽你課之前，第一眼帶給觀眾的是你外在的形象。

很多講師忽略這一點，給學員的第一印象就不好了，你站在講台真要有足夠的實力，才能扭轉印象，如果外在形象不好，再加上實力平平，那就太糟糕了。

一般男士西裝領帶，白襯衣，這是標配。女士職業裝、套裝都是不錯的選擇。

男士瀟灑挺拔、背直，女士優雅、得體、微笑，講師外在的形象，叫做 3 秒鐘的印象，這三秒鐘的印象佔據學員給你打分，說是 50% 的佔

比，都不為過。

男講師，一般我們要求穿好襯衫，打好領帶。用好口袋，繫好鈕釦，配好鞋襪，注意腰帶。

如果你是一名職業的男講師，那就必備的基本服飾有如下：

一套藏青色西裝、一套鐵灰色西裝、一套黑色西裝、一套細條紋西裝 5-8 條單色、條紋或圖案的真絲領帶、兩條質地不錯的黑皮帶，皮質手提箱。

至少兩雙黑皮鞋、六件白色長袖棉襯衣、藍色或細條紋襯衫、四季皆宜的短大衣、優質美觀的手錶。

女士職業化的着裝

西服套裙是最典型的職業裝，色彩文靜、沉着、不誇張，款式簡潔大方。不穿緊、透、露的衣服，注意鞋襪和配飾

如果你是一名職業女講師，必備的基本服飾：

各種深色職業套裝（最好套裙）、與套裙顏色相近的絲巾，與套裝顏色相近的皮鞋（百搭黑色單鞋一定要有）。

三套互相搭配的上衣和裙子（比如：黑色、紅色、白色）黑色、白色、紅色皮帶各一根。

三件單色襯衫（白色為主）

時尚、典雅的手提箱，四季皆宜的短大衣冬天的長大衣。

配套的項鍊、手鐲、和針飾，優質美觀的手錶

上台之前一定要照照鏡子，髮型是否得體？牙齒是否乾淨？釦子拉鍊是否完整？指甲是否整潔？如果你演講的再好，門牙縫裏一根韭菜，你想想那個效果會是怎麼樣？你演講的再好，褲子忘了拉拉鍊，你想想那個效果會怎樣？

講師這個職業，你們看到的只是台上的風光，沒有看到他們台下的

付出。每一個優秀的講師，他的言行舉止，為人處事，都是有很高的要求的。

比如一個說如何經營家庭幸福的老師，結果私生活一團糟，這會成為爆炸性的新聞的。普通老百姓犯一些什麼錯，可能只是大傢私下的談資，而一個名講師如果表裏不一，台上台下不一樣，會成為大家鄙夷的對象，也是我們說的人品坍塌，如果你對自己的道德水準沒有足夠高的要求，最好不要想成為一名優秀的講師。

一個人如果只想到講師的風光，講師的收入，而又不想博覽羣書，又不想用高的道德水準來束縛自己的自由，我勸你及早放棄成為講師的夢想，因為德不配位，必有災殃。

做講師不難，難的是做一名好講師；做講師不難，難的是做一名知行合一的講師；做講師不難，難的是你的知識，你的演講話題需要不斷的更新迭代；做講師不難，難的是你要根據不同的場合，不同的學員反映，你要隨機馬上作出令人信服的回答；做講師不難，難的是主辦方一看到你還沒說一句話，就從你的言談舉止，穿着打扮，判斷出你是一名優秀而出色的講師！

中華華人講師聯盟官方 Line

中華華人講師聯盟合影

【華盟介紹】

中華華人講師聯盟（簡稱華盟），是由一群各領域專業講師所組成的團隊。

成立於 2006 年，歷經張淡生、胡立陽、陳亦純、李富城、林齊國、吳政宏、何智明、何毅夫、梁修昆、卓錦泰、曹健齡、劉邦寧、鄭雲龍、陳於志、陳亦純各賢達經營。

除了作為華人地區各界講師聯誼交流、平台外，更將講師們的專業及成果在線上線下發表，可作為全華人地區各界教育訓練之平台。

每年更以講座、培訓、海外演講、出版書籍、音頻、視頻服務各界。

華盟長期以公益之心，將金額、時間、體力，奉獻於社會各界，成果散見各地及媒體。

2021 年起因為疫情，教育型態的轉變，華盟開展雲端培訓，除每月一場線下論壇、一場線上培訓課程，也與大馬講師協會做聯合月會，並提供每位會員線上授課技巧，及錄製每位會員之專長視頻課程，且將作品發佈到全球華人地區，這可以省卻各位之時間和精力，華盟並在 2022 年六月出版講師的培訓專書，也計畫在疫情緩和時舉辦大型公益演講，並作海外巡迴演講。

華盟希望有心成為講師的高手，要創造斜槓事業的夥伴，加入可以貢獻社會的講師團隊！

企管銷售 54

講師寶典
成為好講師的五部曲

・作者　　　陳亦純，吳燕芳，白傑，吳佰鴻合著
・主編　　　中華華人講師聯盟
・美術設計　張峻榤 ajhome0612@gmail.com

・發行人　　彭寶彬
・出版者　　誌成文化有限公司
　　　　　　116 台北市木新路三段 232 巷 45 弄 3 號 1 樓
　　　　　　電話：（02）2938-1078 傳真：（02）2937-8506
　　　　　　台北富邦銀行 木柵分行（012）
　　　　　　帳號：321-102-111142
　　　　　　戶名：誌成文化有限公司

・總經銷　　采舍國際有限公司 www.silkbook.com 新絲路網路書店

・出版 / 2022 年 6 月 初版一刷
・ISBN / 978-626-96030-0-8（平裝）　　　◎版權所有，翻印必究
・定價 / 新台幣 480 元

國家圖書館出版品預行編目（CIP）資料

講師寶典：成為好講師的五部曲 / 陳亦純，吳燕芳，白傑，吳佰鴻合著 . -- 臺

北市：誌成文化有限公司，2022.05

304 面；17*23 公分 . --（企管銷售；52）

ISBN 978-626-96030-0-8(平裝)

1.CST: 成功法 2.CST: 生活指導

177.2　　　　　　　　　　　　　　　　　　　　　　　111007421

白 傑

現任道術勢企管顧問公司 總經理

為百大企業御用人資顧問，

以英國天賦原動力系統華文代理優勢，

搭配獨家人才發展訓練系統，幫助多家公司提升團隊績效。

吳佰鴻　Peter

艾美普訓練 總經理

廣受企業歡迎的名師，從事教學工作20年，

跑遍兩岸，幽默風趣又能精準抓到學員需求，

深受企業愛戴，主辦華人好講師大賽。

講師寶典
成為好講師的五部曲

本書是邁入講師界的工具書，

內容豐富紮實，心法與技法兼俱，值得熱愛學習的讀者珍藏。

四位重要作者各有所長 ：

保險佈道家—— 陳亦純，告訴你**成為好講師的基本功**；

國際特許財務規劃師—— 吳燕芳，剖析**培育團隊英才好講師**；

道術勢企管總經理—— 白傑，分享**挖掘天賦成為好講師** ；

華人好講師大賽主席—— 吳佰鴻，揭秘**好講師大賽致勝關鍵** 。

書中具體而清楚說明，

成為好講師所需要的內涵及底蘊； 還有三十位王牌講師

參加華人好講師大賽，獲獎的秘訣與心得 ；

加上華人講師圈八位著名的講師前輩。

不藏私的講評與回饋，讓你順利得到開啟培訓界的鑰匙。

疫情終會結束，但世界也會翻轉，

成為好講師就是自我實踐與擴大影響力最好的方法！

誌成文化

上架類別：企管銷售

ISBN 978-626-96030-0-8

建議售價：480元

00480